連賺37年的
股票技術

THE STOCK MARKET
TECHNIQUE

日本股神 相場師朗
不學基本面也能脫貧致富的操盤法

相場師朗／著　張婷婷／譯

suncolor
三采文化

U0013290

前言

股票教練的致富技術

股票就是技術。由於是技術，所以每個人都學得會。股票投資所需要的絕對不是與生俱來的才華也不是慧根。只要學會了，一輩子都能利用這個技術在投資的世界裡持續獲勝。

在股票投資上使用的分析法有基本面（Fundamental）與技術面（Technical）兩種。基本面是分析業績與將來性等企業所擁有的本質價值，由此分析來判斷股價偏低或是偏高以進行買賣。

技術面的分析則是完全不在意基本面。而是以過去的股價價格變動狀況為本，分析未來的變動，預測股價會上漲或下跌來進行買賣。

我在一開始就說了「股票就是技術」。Technical 在英語中就是技術的意思。本書是講解在股票投資中所需的「Technical ＝技術」書籍。所以我先說清楚，關於基本面的東西，我一概不解說。如果第一次看我著作的讀者，期待的是基本面與技術面兩方並存的內容的話，恕我無法回應。因為我認為**不需要基本面**。

不過，如果是煩惱著「不知道該從何學起」、「基本面跟技術面我都看了幾本，但是沒有哪一本可以讓我豁然開朗」、「投資經歷很長了卻沒有我以為的那麼賺」而拿

起本書的讀者，「**恭喜你！能遇見本書真是太好了！**」就帶著自信這麼說吧。

因為本書是由擁有近四十年在股票世界裡連勝的我，毫不吝惜地將技術傳授給你。如果能認真地學會本書中講解的技術，就能提高每個月獲得的利潤。

我開發了一種名為「散彈槍」（Shotgun）的投資方法。這是一種可以將風險壓到最低來獲取利益的手法。用這種散彈槍的方法，只要在兩天～一個星期間左右的投資期間內，投資 30 萬日圓的資金，即使股價只動了 1％ 也能期待有 3,000 日圓的利益。然後每週交易 2 次的話，就有 6,000 日圓，一個月的話估計就可以有 2 萬 4,000 日圓的獲利。在銀行存款利息一年只有 0.02％ 的現在，一個月就能有 8％ 的獲利。

進一步累積經驗的話利益也會增加，也能磨練出技術。資金變成 50 萬日圓，若能有 5％ 的獲利的話，利潤就是 2 萬 5,000 日圓。每週交易 2 次就是 5 萬日圓，一個月獲利 20 萬日圓不是夢。說得更踏實點，「**每個月賺 15 萬日圓**」一點也不為過。

一定會有人說，每個月能賺 15 萬日圓、20 萬日圓根本是紙上談兵吧！他們會說：「哪來的根據說這種夢話呀！」

實踐本書中講解的技術，每個月賺 15 萬日圓絕對不是空中樓閣。因為我講解的投資技術是只瞄準「好球」的

手法。是不是覺得更搞不懂了呢？

用棒球來比喻的話，就是打者看清了好球揮出球棒的意思。打中的話就是安打，如果是正中央的好球那就會變全壘打。其實股票投資也是一樣。如果能看清足以精準判斷出股價波動的點，也就是所謂的「好球」再下單進場，就能瞄準後揮出安打或全壘打。而這個進場的點可以用「7 個道具」與「3 個訊號」來瞬間判斷。

在本書中會詳述什麼是 7 個道具、什麼是 3 個訊號。第 1 章的技術篇我會解說下單和獲利的技術，第 2 章的實踐篇會解說使用這些技術的 3 種投資法──散彈槍、短期交易和波段操作。

用線圖顯示出在技術篇中學到的東西，在實際交易當中是如何被靈活運用的，是馬上可以運用在實際交易中的內容。讀了本書之後任何人都能學會掌握好球的技術，揮出安打。只是，我不會說你可以「輕易」做到。

無法理解的部分，就請你反覆重讀直到理解為止。接著反覆練習交易，反覆做才能真的把技術變成自己的，這會成為你一輩子都受用的技術。**由於是技術，所以越是練習就越能提高程度，獲利也會隨著技術的提升而增加。**

你看，「每個月確實賺到 15 萬日圓」開始有一點真實感了吧。不只如此，你有沒有看見更遠的前景？應該可以看到 1,000 萬日圓、2,000 萬日圓也都像觸手可及的夢想了。

關於投資股票，努力就一定有回報。為了實現夢想，就多練習累積經驗吧。本書中注入了我希望各位可以在交

易上獲得重大成果的願望。我要當一個好教練,把至今支持著我連戰連勝的技術盡量用簡單明瞭又仔細的方式教給你們。

來,讓我們瞄準股票投資的高處,一起學會技術吧!

相場師朗

致勝技術線圖的祕密

01

股價

無論再怎麼上漲或下跌，
總有一天會到頂或到底

■■■股價就是反覆地上漲下跌

現在我來問一下各位讀者，假設有一檔連日上漲的個股，跟一檔持續下跌的個股，你認為未來這檔上漲的個股會永遠一直漲上去嗎？下跌的個股會一直往下跌嗎？應該不會有這種事吧。

即使是持續下跌的個股，只要那家公司不倒閉，通常股價就不可能會變成零。高漲的話總有一天會頂到天花板轉為下跌；下跌的話總有一天會觸到底部轉為上漲。股價就是反覆的上上下下。

在這裡我要再問一個問題，那為什麼股價會上上下下呢？「因為企業的業績會變動，股價也會因為業績的變動而變動」，是不是有人這樣回答呢？如果已經讀過幾本我的書的人，可能會出現不同的答案。

好，那答案是什麼呢？答案是「股價並不只是因為業績或將來性而變動，而是受到市場參加者的投機想法、投資人的心理所影響」。

是的。股價不是光靠基本面（以財務狀況或業績為

本的企業價值分析法）變動的。如果想買的人多就會上漲，想賣的人多的話就會下跌——股價會受到這樣的投資人心理影響。

反映出這些投資人心理的，就是股價線圖。只要人參與市場，就會有投資的投機想法或心理變化。這種變化不管是過去、現在和未來都不會有太大改變。

股價開始上漲後，就只擔心會少賺了，多方呼喚多方。但開始跌了，又為了避免損失，造成空方呼喚空方，股價就這樣反覆上下變動。就像歷史會重演一樣，線圖也會重演。因此，這就是為什麼**只要看過去或現在的線圖，就能預測今後的動向**。

看股價走向判斷買點和賣點

大家要是仔細看過去的線圖，就會發現股價有上漲、持平和下跌三種局面。然後在從上漲轉為持平，或是從持平轉為下跌的局面轉換時，K 線或移動平均線的變動有一定的模式。

那麼，我們看下一頁的**日經平均指數**（日經 225 代號 1001）來確認一下。「線圖是反覆重演的，因此只要學習這個模式並把它烙印到腦中，當碰到同一種局面時，就能精準預測出股價走向會下跌還是持平了！」

只要能預測股價走向，就能看出進場買賣或獲利的點在哪裡。

■■■ 建立獲利的故事腳本

各位在交易前有先擬定好策略再下單嗎？

「咦？什麼是擬定策略？」

「什麼是下單時考慮買賣的根據？」

或許你會產生許多疑問。簡單來說，獲利的故事腳本就是建立「變成那樣的話，就會這樣」的預測，經常去預測股價的走向再買賣。詳細情況會在第 2 章的實踐篇用具體線圖說明，這裡就簡單說明一下。

例如，你正在考慮買賣的個股下跌，接近前一個低點了。這時要先思考一下如果在前一個低點就止跌，以及已經跌破前一個低點時這兩種情況，要買還是賣該如何因應，要事先考慮好。

日經 225 的週 K 線圖

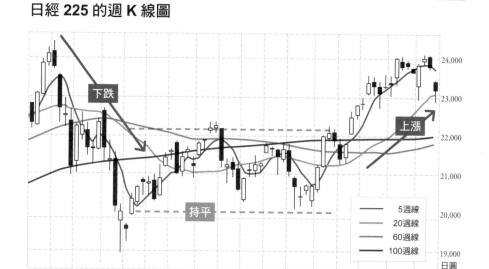

❶止跌的話（**變成那樣的話**），局面也許是持平或轉為上升（**就會這樣**），因此就準備下單買入吧。

❷破了低點的話（**變成那樣的話**），也許會加速下跌（**就會這樣**），因此就布局空單吧。

如果股價按照❶的故事腳本變動，下了買單的話，下一個要思考的故事就是，如果突破了前一個高點的話（**變成那樣的話**），可能就會進入上升趨勢（**就會這樣**）。多單就暫時續抱吧。然後如果連續上漲（**變成那樣的話**），就依照「9 日法則」（參照 P19）獲利吧（**就會這樣**）。

實際上是由股價關卡或是移動平均線的方向等訊號，來推測股價的變動，建立故事腳本的。下單時「買」或是「賣」的根據也很重要，但是**建立獲利的故事腳本，隨著股價的走向來交易也很重要**。

02

下單前

要對自己喊一聲
「等一下！」

■■■ 等或不等就能分出勝負

建立獲利的故事腳本，然後在下單前要對自己喊一聲等一下！

就算股價動向按照你的預測，也要先等等。有交易經驗的各位讀者，請把手放在胸前，回想一下你過去失敗的交易。讓你回想不愉快的回憶雖然很痛苦，不過你是否遇過以下情況呢？

股價持平好一陣子的某一天，箱形圈裡排列著陽線。

「好！由過去的推移狀況看來，接下來應該會急速上漲了」，於是約定下單買入，抱著「從現在開始要持續漲了！變成兩倍後獲利了結」的夢，過了一個晚上。等市場開盤之後一確認股價，竟然期待落空下跌出了陰線！從那天起每天都一直跌，趨勢轉為下跌。

如果你在下單前，再等一天的話，就可以確認趨勢是不是真的轉換了。這時候的正確答案是，等待股價突破箱型區。

■■■人在買賣時為何無法等待？

為什麼無法等待的理由之一或許是這樣的想法。

「明天就會漲更多，現在不買就吃虧了！」

那麼，究竟會虧多少呢？隔天突然漲停板的情況非常少見。就算股價從 1,000 日圓漲到 1,200 日圓，也不過 200 日圓。100 股為單位的話是兩萬日圓，兩萬日圓對你來說可能是「只不過」。

而且說是損失，實際上也不是真的損失了兩萬日圓。因為你還沒有買，所以不會真的傷荷包。等到隔天確認確實會一口氣衝破再買，要獲利兩萬日圓就不難了。

然而，如果你用 1,000 日圓買了之後，跌到 900 日圓就有 100 日圓的損失。以 100 股為單位就是一萬日圓。這種情況下就跟剛才想像中的損失兩萬日圓不同，這是現貨的損失，也就是荷包會痛的損失。

試算一下，想賺兩萬日圓卻損失一萬日圓，那麼要獲利兩萬日圓必須要賺多少才夠呢？答案是三萬日圓。

舉這個例子，你就知道等待的重要性了。當然也有因為不等待而造成重大損失的時候。**守得雲開見月明**，晴朗的好日子就一定會來臨。

03

7 個道具

交易致勝的
7 道具

■■■看線圖時必備的 7 個道具

接著，在解說下單與獲利模式化的方法之前，我先將你一定要理解的法則做簡單的說明。使用以下 7 個道具來預測股價的變動，判斷下單與獲利時機然後進行交易。

■■■❶代表一定期間收盤平均值的「移動平均線」

這是最重要的工具。移動平均線代表一定期間股票收盤價格的平均值。在相場式交易中頻繁使用的是 5 日移動平均線、20 日移動平均線、60 日移動平均線和 100 日移動平均線（簡稱 5 日線、20 日線、60 日線和 100 日線）。

其中 5 日線、20 日線和 100 日線更重要。由這 3 條移動平均線的排列方式或傾斜度來推敲並預測股價的方向性。60 日線是最終確認時才看就好。

K 線的陽線與陰線上下排列，很難掌握股價走向時，有時可以把 K 線消掉，只看移動平均線會比較容易看出上漲、下跌和持平的走向。

　　還有，如果是週 K 線的話就看 5 週線、20 週線、60
週線、100 週線，月 K 線的話就看 5 月線、20 月線、60
月線、100 月線。

■■■❷下跌、持平和上漲的 3 種「局面」

　　到目前為止我們已經數次使用局面這個詞。股價有下
跌、持平和上漲這 3 種局面，如同「下跌→持平→上漲」
這樣反覆出現（這 3 種局面有各式各樣的組合，所以也有
「上漲→持平→下跌」的情況）。

　　我稱下跌局面為 A 局面、持平局面為 B 局面、上漲
局面為 C 局面。A 局面就是想賣的人增加的狀態，C 局
面則是想買的人增加的狀態。對初級者來說，A 與 C 的

3 個局面

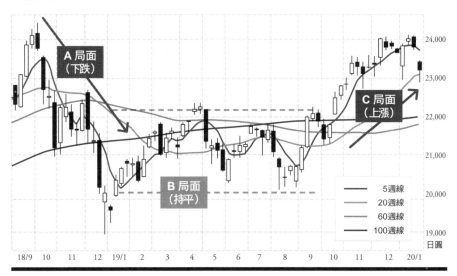

局面是比較容易獲取利益的局面。

　　比較棘手的是 B 局面，是想賣的人與想買的人紛紛進場擾亂，買賣交錯很難掌握方向性的局面。如果是初學者，我建議在 B 局面中什麼都不要做。

　　只是，如果是學會了第 2 章介紹的「散彈槍」的初級者和中級者，在持平的局面中也有增加獲利的機會。更進一步的高手就能學會預測價格變動的上限與下限，在下限時買入，在上限時賣出的交易方法。

■■■❸投資人會意識到的整數股價「關卡」

　　關卡就是股價走向轉換起點的股價。關卡有整數股價、前一個高點和前一個低點，一般來說的關卡大多是指整數股價。整數就是 1,000 日圓、500 日圓、2,000 日圓這種沒有零頭的數字。像這樣的整數是投資人會特別意識到的。

　　你是否有過「現在 1,487 日圓所以到 1,500 日圓就結清獲利吧。」的想法呢？因此，整數股價很容易在上漲行情時成為止漲，在下跌行情時就會成為止跌的點。

■■■❹容易成為股價上漲障礙的「前一個高點」

　　股價要持續上漲，就必須超過前一個高點。好幾次接近高點，仍然無法超過的話，有時就會轉為下跌趨勢。

■■■❺容易成為股價下跌探底的「前一個低點」

　　下跌的股價如果跌破前一個低點，經常就會加速下

跌。相反的，如果在前一個低點止跌了，就是下跌趨勢的
終止即將轉為上漲。

　　並且，即使無法超過前一個高點而下跌，只要沒有跌
破前一個低點就會再上漲，如果碰到前一個高點又再反覆
下跌，局面就會變成持平。

■■❻上漲、下跌持續 9 天就會暫時停歇的 「9 日法則」

　　任何的上漲和下跌如果持續 9 天後大多都會暫時停
歇。持續 9 天上漲後氣勢會暫時衰退，稍微歇息。或是在
持續上漲之後容易轉換成下跌或持平。下跌行情也是一
樣，若持續下跌 9 天就能預測已經接近底部。

前一個高點、前一個低點、整數股價

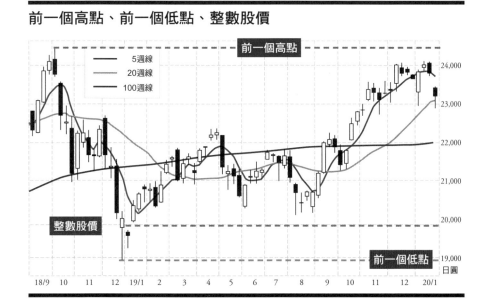

■■■■❼氣勢強大的局面終會超越 9 變成
「17 日法則」

這個法則也是根據我長年的交易經驗而來。前面已經介紹了「9 日法則」，不過氣勢很強的上漲、下跌局面中，有時候也會超過 9 天持續往上或持續往下。這時候獲利點就要延後，超過 9 天就要數到 17 天為止。

甚至，如果氣勢好像要超過 17 天，也可以試試看延到 23 天的「23 日法則」。那麼，如果你了解了等待的意義和獲利的故事腳本後，就往下一章的技術篇前進吧。

氣勢很強的上漲局面中則用「9 日法則」、「17 日法則」

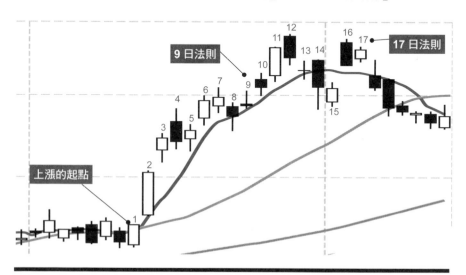

第 **1** 章

技術篇
看準獲利
好球帶！

01

好球

難以判斷的局面
就不要出手！

■■■強打者的小故事暗藏著豐富的交易啟示

　　在講解股票技術之前，我想先談談職業棒球選手落合博滿的小故事。因為這是一個為我們在交易上取得高成功率的小故事。

　　落合博滿是三度獲得「打擊三冠王」，並達到 2,371 支安打的強打者。據說他的夫人信子在落合博滿陷入低潮時，給了他這樣的建議，「好球必然會通過本壘板，所以只要打這樣的球就好了。」

　　落合遵從了這樣的建議，就脫離了低潮期。很難判斷是好壞球的球就不要出手，只瞄準能判斷是好球的球再揮棒就好。

　　各位聽了這個故事，是不是覺得跟交易手法很像呢？股票交易的基本是「抓住上升局面買入、下跌局面賣出」。越是優秀的交易員，對於壞球也就是「不知道會上漲還是下跌，難以判斷的局面」就越不會出手。只看準「趨勢穩定」的好球來打（交易）。就有很高的機率能揮出安打。

要小心！不要一不留神就對壞球出手，結果被三振。交易也是，**只要打好球就好**，就這麼簡單。

可是！投手可不會只投出明顯壞球的球路，也有到了好球帶才突然從打者手邊重重落下的變化球或是曲球，這樣的球就不要出手，所以只打好球也不容易。

如果不具備能看清是好球還是壞球的技術，那就什麼都不用說了。接下來我就要講解這個技術。我希望本書的讀者能夠好好學習，站到打擊位置上。

■■■預測趨勢，知道買點賣點

我開始交易股票後，大家最愛問我的問題就是：「你是在哪個點買的？」是在下跌反彈的點（上漲的股價暫時性下跌的時間點）嗎？還是在破了前一個高點的地方？或是在大陽線（比過去的 K 線更大的陽線）出現的隔天？——我非常好奇大家都在哪個點買或賣呢？

假設有個你一直觀察股價動向的個股，股價由持平開始往上漲了。當你確認了趨勢轉換想要買進時，結果連日上漲。就算想再拉回反彈時買入，又覺得可能快到天花板了，又很在意前一個高點等等。有太多在意的事，最後就是害怕到不敢進場。

什麼也做不了就只能眼睜睜看著股價一直高漲，然後心裡莫名懊惱「啊，當初要是買入就好了！」你是否有過這種經驗呢？要等到什麼時候，在哪裡買或是在哪裡賣？無法下這個決定，而錯過賺錢良機的人，還有慌張下單結果失敗的人也很多。

■■■線圖是反覆地下跌、持平、上漲

　　在序章時我們提過，股價有 A、B、C 三個局面，在局面轉換時，移動平均線的變動有一定模式（參照 P17）。由於線圖走勢是反覆的，所以只要學習這些模式就可以預測出股價會上漲還是下跌，然後決定要賣還是買，甚至進一步看出進場下單跟獲利的點在哪裡。

　　這一章我將會講解利用移動平均線來預測趨勢的技法、將趨勢導向成功的下單技法，以及股價無論是上漲還是下跌都能賺的方法。

02

移動平均線

實現高準確度的
趨勢預測道具

■■■ 利用移動平均線的傾斜度來判斷趨勢

移動平均線是將一定期間內的股票收盤價格平均值連成的線，本書使用的移動平均線是 5 日線、20 日線、60 日線和 100 日線。5 日線是以 5 個營業日為一週；20 日線則是 20 個營業日約為一個月期間；60 日線則是 3 個月內、四分之一決算期間，也就是一季；100 日則是相當於半年期間。

5 日線的話就是從 4 天前開始到當天的收盤價為止，將這 5 天的收盤價加起來，除以 5 的平均值，然後將每天計算的這些均值連起來。接下來就一起來想想，移動平均線顯示的收盤平均值的推移情形具有什麼意義。

收盤價是當天交易結束時的股票價格。移動平均線如果是往上走的話，就表示以高於平均值的股價買入的投資人較多。**想買的投資人增加的話股價就會上漲，移動平均線就會持續上揚。**相反的，想買的投資人變少，**想賣的人增加的話**，收盤價就會比前一天低。因此，**移動平均線就會逐漸往下走。**

買賣交錯的持平局面中，移動平均線的傾斜度並不會有上揚或是下降的單一方向，短期的 5 日線等雖然也有上下變動，但基本仍會是往橫向走。

●移動平均線如果向上揚：上升趨勢
●移動平均線如果往下走：下跌趨勢
●移動平均線如果橫向走：持平趨勢

K 線亂七八糟難以看清股價走向時，只看移動平均線就會比較容易看出趨勢，股價的走向與移動平均線的傾斜度就是有這樣的關聯性。

■■■用移動平均線的排列方式來預測趨勢

無論是上升趨勢還是下跌趨勢，移動平均線中相較於

上升趨勢的移動平均線

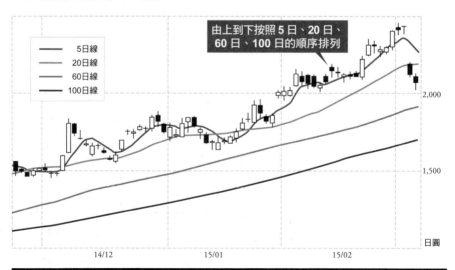

由上到下按照 5 日、20 日、60 日、100 日的順序排列

5日線
20日線
60日線
100日線

2,000

1,500

日圓

14/12　　　　15/01　　　　15/02

長期移動平均線（以下稱長期線），短期移動平均線（以下稱短期線）擁有對股價變動反應較快的性質。比起 100 日的平均值，最近 5 天的平均值對行情的變動表現得更敏感些。

因此，**股價轉為上漲時第一個會是 5 日線，其次是 20 日線、60 日線、100 日線依此順序轉為往上。下跌時也是從 5 日線開始反應向下。**

此外，在上升趨勢中股價（K 線）會在移動平均線的上方，轉為下跌趨勢時，股價則多位於移動平均線的下方。將股價與移動平均線的排列方式歸納整理後，會像下面這樣。

● **上升趨勢持續：由上到下的排列順序會是股價 > 5 日線 > 20 日線 > 60 日線 > 100 日線**

● **下跌趨勢持續：由上到下的排列順序會是 100 日線 > 60 日線 > 20 日線 > 5 日線 > 股價**

接著，我們會徹底講解移動平均線。請不要覺得我很嘮叨，因為移動平均線是讓交易成功不可或缺的工具。

03

移動平均線

利用 100 日線
提高預測準確度

■■■利用 100 日線掌握股價大方向

　　5 日線和 20 日線是對股價的上下波動反應最快的，因此最適合用來預測短期趨勢的指標。那麼 100 日線是要用來判斷什麼呢？**100 日線顯示的是長期趨勢，也就是股價的大致走向。**

　　事先知道大致走向，在交易上很重要。有一句話叫做「見樹不見林」，這句話就跟 5 日線、20 日線與 100 日線的關係一樣。**5 日線與 20 日線是「樹」，100 日線則是「林」。**

　　因此，認為我只是短進短出所以沒關係，就將 100 日線的存在等閒視之，可是會嘗到苦頭。

　　例如，假設因為 5 日線和 20 日線是往上走就判斷為上升趨勢而買入。因為擅自認定是上升趨勢就輕忽，後來卻轉為下跌趨勢，有這種慘痛經驗的人應該不少。

　　為什麼明明 5 日線和 20 日線都是往上卻跌了呢？這時就看看 100 日線吧。當 100 日線在 5 日線、20 日線之上時，就算一直都持續攀升，但其實大多時候是在下跌趨

勢途中的上漲。相反的，5 日線和 20 日線在 100 日線之上的話，即便目前為止一直都是下跌，卻或許是上升趨勢途中的下跌。

完全無視 100 日線就叫做「見樹不見林」。當沖交易就另當別論，即便是短期進出也要養成確認長期線位置的習慣。用 5 日線、20 日線和 100 日線的位置，來確認是暫時的上漲還是下跌，如果是這樣，要留意趁早結清脫手也是很重要的。

我在交易之前一定會確認 100 日線的位置。看準買入的時候如果長期線在短期線之下，某種程度上安心交易。特別是數億圓的交易時，100 日線的位置更是重要關鍵點。

■100 日線的背景是有大量買賣

我們來稍微談談 100 日線吧。首先，先解說一下 100 日線是什麼樣的移動平均線。100 日平均線是指最近 100 天的收盤價加總後除以 100 的移動平均線。它跟 5 日線、20 日線的不同點是什麼呢？

你首先想到的是不是「期間的長度」呢？其實還有更重要的差別。差別就是，**相較之下創造出 100 日線的是遠遠多於 5 日線、20 日線的投資人的買賣。**好幾十萬股、好幾百萬股的交易，想買與想賣的需求供給或投資人心理的結果形成了 100 日線。

也就是說，100 日線的向上、向下傾斜度顯示出的趨勢背景與占壓倒性多數的投資人有關。正因為是這個

平均值，所以有它的信賴度、再現性和普遍性。原本由1,000 股、2,000 股，或是 10 個人、20 個人的買賣形成的趨勢，只要有 1 萬股的買賣，很可能馬上就產生變化。

然而，幾百萬股的買賣所產生的趨勢就算增加或減少1 萬股，也不會有什麼太大變化。因此，我認為 **100 日線既不會大崩跌，也是預測趨勢時值得信賴的工具**。

在這裡或許會有人問「那 60 日線呢？」即便同樣是長期線，**60 日線的存在是 100 日線的輔助，我要以買賣一決勝負之前要確認的是 100 日線**。

如果你問我「為什麼？」，我只能說這是一個累積了長期交易經驗的大師直覺。這就跟廚師會從數把菜刀中，毫無理由地選擇一把自己拿得最順手的刀具一樣。只是，這樣的直覺是有連戰 37 年的輝煌戰績在背後支撐著，並不是瞎猜。

■■■用 100 日線的傾斜度與 K 線來推敲作戰

那麼，我利用線圖來說明一下使用 100 日線預測趨勢的手法吧。

這是 **CyberAgent**（4751）的 100 日線。請參考 P31 的上圖，從這個線圖就能預測趨勢是下跌的。如果 100 日線的下方有 K 線，你差不多就可以認為是下跌趨勢了。下跌趨勢的期間就可以擬定「用賣空來作戰」的戰略。

將 K 線顯示出來後，它在 100 日線的下方。就可以判斷「可以用賣空作戰」（只不過下跌趨勢已經持續 4 個月左右，因此也有可能會往上升趨勢轉換）。還有就是顯

CyberAgent 的日 K 線圖（只有 100 日線）

顯示出 K 線後

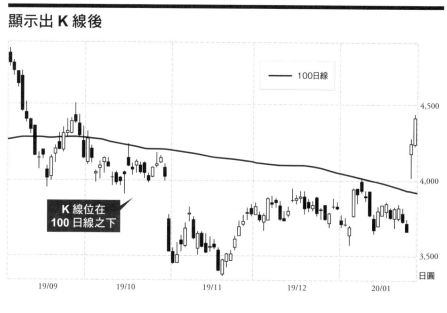

K 線位在
100 日線之下

示 5 日線、20 日線來尋找下單的點。

　　關於交易的實踐，我們會在第 2 章的 P125 敘述。

　　接著，透過下方的 **FullCast Holdings**（4848）線圖，思考如何交易。100 日線是往上走的，好像可以用「做多」進場。下一頁的圖我們加上 K 線跟 5 日線來看看。

　　K 線在 100 日線之上。基本上似乎是上升趨勢，但是看一下它與 5 日線的關係就會發現它在 5 日線之下，而且是陰線，所以在這裡不能買。**要等到在 5 日線的上方以陽線穿出，也就是買入的訊號「下半身」**（參照 P161）出現時比較好（這個作戰方式在第 2 章的第 94 頁會講解）。

FullCast Holdings 的日 K 線圖（100 日線）

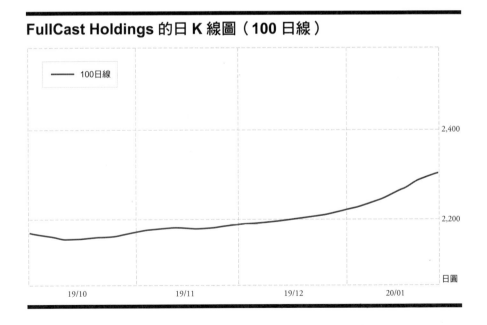

　　這就是用 **100 日線**的傾斜度來預測趨勢的初步技法。來，我們往上升級嘍。

顯示出 K 線與 5 日線後

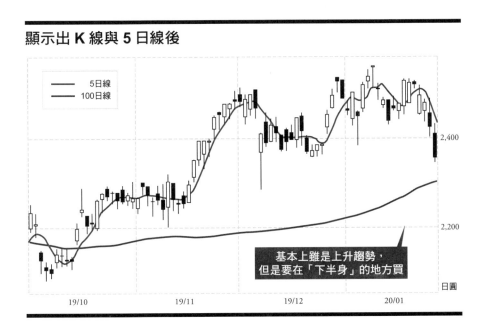

基本上雖是上升趨勢，
但是要在「下半身」的地方買

04

移動平均線

得知趨勢轉換要開始啟動的「黎明前夕」

■■■由短期線與長期線、股價的位置來察知趨勢的啟動

100 日線與短期線不同,對股價的變動是慢慢地產生反應。實際上即使股價開始上漲,要花點時間 100 日線才會向上走。

說到反應慢,或許有些人會感覺好像是缺點。但是,其實可以利用這個性質來察知趨勢的啟動訊號,能在早一點的階段先進場。這個技術我取名為「黎明前夕」。

那麼,就用**富士軟片控股公司**(4901)的線圖來講解吧。P35 的**線圖 1**,是只有 100 日線的圖。100 日線顯示出下跌趨勢由往下走之後變得平坦。平坦就表示我們可以預測接下來是要往上或是往下的**趨勢變化**了。

那麼**線圖 2** 我們加上 K 線與 5 日線、20 日線來看一下。100 日線的上方有 5 日線、20 日線。然後上升的 K 線在 5 日線之下,5 日線與 20 日線似乎要交叉了。

可是,5 日線基本上是維持著往上走的上升趨勢,100 日線也接近平坦。如果 5 日線與 20 日線相交後也沒

線圖 1 富士軟片控股的日 K 線圖（只有 100 日線）

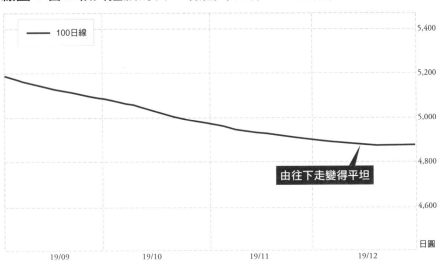

由往下走變得平坦

線圖 2 顯示 K 線與 5 日線、20 日線後

5 日線與
20 日線交叉

有往下穿破，有要再度上升的樣子時，那就可以視為買入的機會（關於進場時機請參照 P92）。

100 日線由往下走開始變得平坦那附近，可以說就是轉換成上升趨勢的「黎明前夕」吧。有觀察的價值。在那之後，5 日線雖然碰到了 20 日線，又再度上升。K 線也來到 5 日線之上，可以買入的點來了（參照 P93）。

那麼，如果想做空的話該怎麼做呢？我們同樣用**富士軟片控股**來做做看吧。各位也一起來想一想。

請參考**線圖 3**，目前為止雖然持續往上漲，但是 5 日線穿破了 20 日線，似乎要轉換成下跌趨勢了。好像可以看空了。最後終於 K 線落到 100 日線以下。

那要在這裡賣嗎？答「是」的人，你答錯了。記得！

線圖 3 富士軟片控股的日 K 線圖

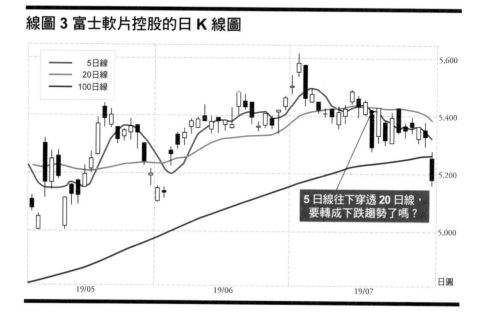

初級者不要慌張，在這裡不能肯定已經轉換成下跌趨勢，因為還在「黎明前夕」。就算不能斷言已經下跌，我們也可以帶著某種程度的確信等待（不過，如果是中高級的人，在有「似乎要轉為下跌」的預兆階段，也有「嘗試性做空」來觀察情況的做法）。

■ 初級者要等到「黎明」！

為什麼在這裡我們無法確信呢？因為短期線還在 100 日線以上，所以要暫時等一等。

請看**線圖 4**，**20 日線與 5 日線還排在 100 日線之下，移動平均線的位置也顯示為下跌**。然後，雖然陽線林立卻無法突出到 5 日線之上，還輕易地就下跌了。似乎可以說

線圖 4 富士軟片控股的日 K 線圖

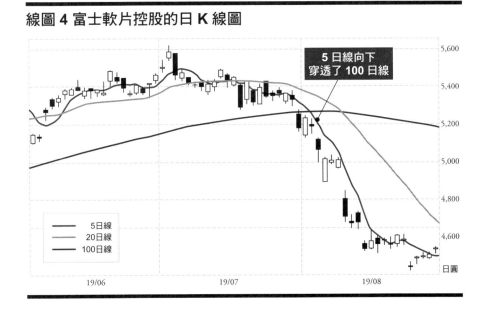

是「黎明」，這時布局空單也可以了。

只是，還有判斷準確度比這個點更高的點。那就是在5日線下的股價上升，5日線被帶動上升，雖然差一點就要向上穿過20日線，卻未能穿破就宣告結束的這一點。這一點我稱為「分歧」（參照P161）。

■■■用100日線、60日線得知「黎明前夕」

那麼說到「黎明前夕」，或許光靠100日線很難發現。還有一種會更乾脆地告訴我們「黎明前夕」在哪裡的技術，那就是由100日線與60日線的位置來預測「黎明前夕」的技術。

請回憶一下上漲、下跌趨勢中移動平均線的位置。在上升趨勢中，短期線在長期線之上，下跌趨勢則是短期線在長期線之下。將這個當作100日線與60日線的位置關係來看，就變成下面這樣。

●上升趨勢：60日線在100日線之上
●下跌趨勢：60日線在100日線之下

由下跌趨勢轉換成上升趨勢時，至今為止位於60日線以上的100日線來到60日線以下是通常的變動。從下跌轉到上升趨勢時，就跟這個相反。

■■■黎明是在100日線與60日線相交的時候

那麼，100日線與60日線跟5日線或20日線比起來，對股價的變動都是緩慢的反應。因此，即使股價激烈地上下起伏、趨勢轉換，100日線與60日線也幾乎不會

突然就以陡斜的角度往上或是往下走，而是平緩地上升或是下降。

例如由下跌轉為上升的情況，位於上方的 100 日線急速下降穿破 60 日線這是不可能的事。100 日線會平緩地往下走，最終接近 60 日線並行，之後才穿過 60 日線往下，如同下方的**線圖 5**。

由上升轉為下跌的情況也是一樣。60 日線與 100 日線接近然後並行，最後 100 日線由下往上穿過 60 日線。

到這裡為止，大家都明白了嗎？那麼我要問，**趨勢轉換前的 100 日線與 60 日線變動的共同點是什麼？**答案是由並行變成相交，這就是「黎明前夕」。也就是，**當 100 日線與 60 日線的距離接近後並行時，就能判斷是「黎明**

線圖 5 用 100 日線與 60 日線得知「黎明前夕」

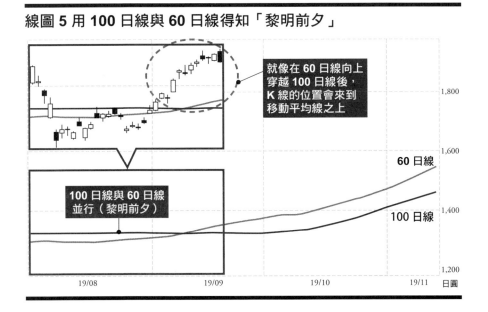

就像在 60 日線向上穿越 100 日線後，K 線的位置會來到移動平均線之上

100 日線與 60 日線並行（黎明前夕）

60 日線

100 日線

1,800

1,600

1,400

1,200

19/08　　　　　19/09　　　　　19/10　　　　　19/11　　日圓

前夕」。然後就是準備要交易，等待黎明時下單進場。

　　我們來看一下**線圖 6** 的 **SUMCO**（3436），100 日線
與 60 日線並行之處加入 K 線來看的話，就像下面這樣，
從下跌變成持平，開始上升。60 日線接近 100 日線並交
叉之後，就可以確信股價變動是往上升趨勢走。

　　我們來看接下來 100 日線與 60 日線交叉後的股價與
移動平均線的排列，會變成這樣。由上到下的排列順序是
股價 > 5 日線 > 20 日線 > 60 日線 > 100 日線，轉換成
上升趨勢了。

■■■察知「黎明前夕」運用在交易上

　　到現在為止，我們已經談過從移動平均線去判斷趨勢

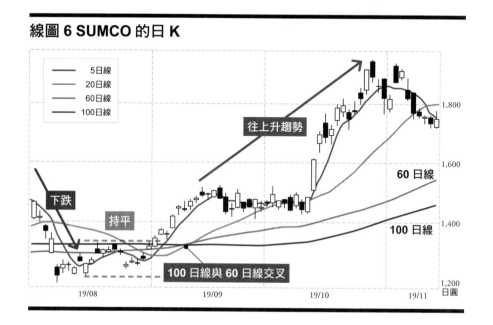

線圖 6 SUMCO 的日 K

的技術，還有察知「黎明前夕」的技術了。我猜測各位現在還是覺得似懂非懂吧，不過沒有關係。

我講解的種種方法都是我花費近 40 年的時間開發出來的技術，只看了幾頁，快速讀過應該無法馬上理解。要真正地理解並運用在交易上，就要深入閱讀本書，除了本書揭載的內容之外還要看過許多線圖，徹底去學習移動平均線跟股價的關係。

但是，你只要越學習就會越加深理解。然後，越是深入理解越能帶來更多利益。

05

用模式記憶！
致勝的進場要點

■■■ 近乎必勝的買賣模式

　　以移動平均線確認趨勢之後，差不多就該進場了。要看清楚在哪裡進場，就要使用移動平均線。我們用的是 5 日線、20 日線和 100 日線，買跟賣都要看移動平均線的

模式 1 上升趨勢穩定型的「分歧」

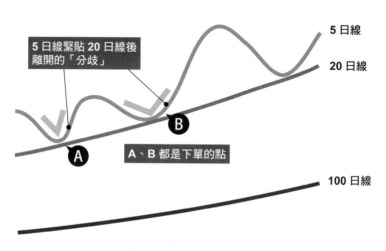

5 日線緊貼 20 日線後離開的「分歧」

A

B

A、B 都是下單的點

5 日線

20 日線

100 日線

動向與位置。

　　買入的進場點，是可以高度精準地預測出會持續上升的點；而賣出的點，是可以高度精準地預測出會持續下跌的點。

　　接下來，我要講解的是必勝率將近 100% 的賺錢重點模式。

■■看準 5 日線與 20 日線的「分歧」點買入

　　如果有讀者不懂什麼是「分歧」，請參考一下 P161 的內容。無論是買或賣，5 日線接近 20 日線後再分開的「分歧」訊號承擔了很重要的角色。

　　首先，就從看準做多的下單點的模式開始說起。因為

模式 2　上升趨勢不穩定型的「分歧」

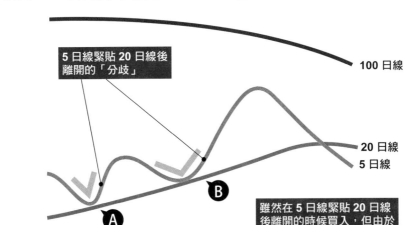

5 日線緊貼 20 日線後離開的「分歧」

100 日線

20 日線
5 日線

Ⓐ　Ⓑ

雖然在 5 日線緊貼 20 日線後離開的時候買入，但由於 100 日線在上方，因此也要意識到下跌的可能性！

是要布局多單，所以要在上升趨勢下單。

　　模式有兩種（請參照 P42）。模式 1，移動平均線的排列由上到下是 **5 日線 > 20 日線 > 100 日線。這是典型的上升趨勢。**在這個上升趨勢中，5 日線與 20 日線是並排往上走。中途原本並行的 5 日線轉為往下靠近了 **20 日線，可是並沒有向下穿破而是再度往上的「分歧」過後，就是可以買入的點。**P42 圖中的 A 或 B 都是進場買入的點。

　　在模式 1 中，100 日線位於短期線的下方，這個上漲在某種程度上可以認為是穩定的趨勢。像這樣的移動平均線排列方式，不太可能會急跌，已經上漲的股價就算一時的下跌（暫時性下跌），也是可以預期上升趨勢會持續一陣子。

　　接著是 P43 的模式 2。跟模式 1 一樣，在 A 或 B 的分歧之後下單。那麼，與模式 1 有哪裡不同呢？是的，100 日線的位置跟模式 1 不一樣。在模式 1 中，100 日線在 5 日線、20 日線的下方。**然而在模式 2 裡，100 日線在 5 日線、20 日線的上方。**這是很大的不同。

　　模式 1 如果是上升趨勢的穩定型，那模式 2 就可以稱為不穩定型。很難想像會順利地往上漲。

　　因此，像這樣的模式即使下單進場了，隔天要是出了陰線、有長上影線的陽線（上影線長是高點與收盤價分得很開，賣壓增強最後有下跌收盤的可能性）出現，或是線圖有奇怪變動出現的話，就要馬上結清會比較保險。

06

下單進場

用 5 日線與 20 日線的「分歧」看準賣點

▇▇▇ 跟做多一樣，要注意 100 日線的位置

瞄準做空的模式也有兩種。下圖的**模式 3** 移動平均線由上到下的排列是 **100 日線 > 20 日線 > 5 日線**，就是典型的下跌趨勢。

模式 3 下跌趨勢穩定型的「分歧」

100 日線

A、B 都是下單的點

5 日線緊貼著 20 日線後分開的「分歧」

20 日線

5 日線

正如在上升趨勢中提過的，在下跌趨勢也是一樣，分歧過後就是布局賣出的點。圖中的 A 或 B 就是下單的點。

100 日線在短期線上方，這個下跌應該會暫時持續一陣子。像這樣的移動平均線排列方式，很難相信會突然地上漲，多少有一點上漲也不用慌，可以說是還能持續持有空單的狀況。

■■■下跌趨勢中一時上升的可能性

接著是下圖的**模式 4**。這也跟模式 3 一樣，在分歧之後於 **A** 或 **B** 點下單賣出。模式 4 與模式 3 的差別是 100 日線的位置。

在模式 4 中，5 日線、20 日線在 100 日線的上方變

模式 4 不穩定型的「分歧」

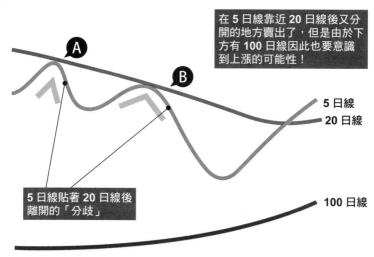

在 5 日線靠近 20 日線後又分開的地方賣出了，但是由於下方有 100 日線因此也要意識到上漲的可能性！

5 日線

20 日線

5 日線貼著 20 日線後離開的「分歧」

100 日線

動。即使是下跌趨勢中，5 日線如果穿透 20 日線，那麼移動平均線的排列就變成由上到下是 **5 日線 > 20 日線 > 100 日線**，有轉為上升趨勢的可能性。

　　到此為止，已經講解了讓交易成功的下單技術。想要擊出安打，只打好球就可以，以上的技術就能判斷出「致勝好球帶」。如果線圖顯示出這種模式，就有充分進場一戰的價值。

■■由實例來判斷「好球帶」

　　接著來看 **SUMCO**（3436）的日 K 線圖與**日經 225**（1001）的週 K 線圖。上漲、下跌都是從黎明前夕開始，60 日線與 100 日線交叉之後股價開始啟動，在分

SUMCO 的日 K 線圖「分歧」

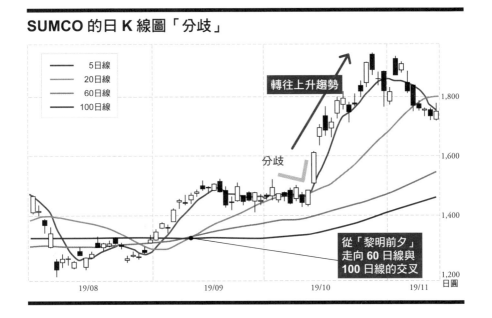

歧之後趨勢變得明朗化。這就是為何在分歧之後下單的話，就可以擊出安打。

日經 225 的週 K 線圖「分歧」

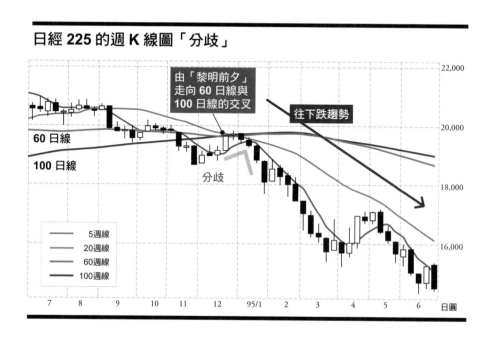

由「黎明前夕」
走向 60 日線與
100 日線的交叉

往下跌趨勢

60 日線

100 日線

分歧

22,000

20,000

18,000

16,000

5週線
20週線
60週線
100週線

7　8　9　10　11　12　95/1　2　3　4　5　6　日圓

07

獲利了結

從「日子」來判斷
高價圈和底部價位圈

■想知道獲利了結的時機！

終於下單買入，或是賣出成交，股價也按照預期的變動了，那麼該在什麼地方獲利了結呢？做多的話就想在最高點的天花板，做空的話就想在最底部結清，會這麼想是人之常情。但是，那是理想，現實就是不容易成功。

一味認定「會漲更高！」、「會跌更低！」，於是進場買了或是賣空，結果那裡卻是天花板或是大底部，這種事一點也不稀奇。每個人多少都有過因為錯過脫手時機而後悔不已的經驗吧。就算不要說在最佳的時機，也會想要更接近最佳時機的時間點結清。這一節就要傳授大家如何判斷的技術。

■藏在日子背後的買賣供需

你聽說「日子」這個詞嗎？一般來說指的是**大安或佛滅❶**等「好日子」，但是在股票市場中指的是，從飛漲或狂跌等重大變動後的股價，回到穩定狀態為止的日數。

請你把它想成一直上漲的股價或是一直下跌的股價，

到他們停止續漲或續跌為止的期間。這個期間，從股價的宏觀走向來看，似乎 6 個月就是續漲或續跌的最大限度了。也就是說，股價按照這樣上漲大概 6 個月就會終止，下跌也是一樣。

這個背景可以推測是在於股票的供需關係。簡單來說就是由「我想賣這個，你要買嗎？」、「○圓的話我可以買唷」雙方都存在才成立。如果沒有人想買，就算你想賣也賣不掉。

在上升趨勢中想買的人變少，比那個價格更高的股價已經賣不掉的話，那個股價就是天花板；在下跌趨勢時想賣的人變少而想買的人增加的話，那股價就是到底部了。

■■■上漲或下跌都會在 6 個月前後結束

開始上漲或下跌後，直到碰到天花板或底部為止，大約是 6 個月。首先請看**線圖 1 是 SUMCO**（3436）從 2016 年 7 月起到 18 年 3 月為止的週 K 線圖。

2016 年 7 月開始上漲，股價是 1,000 日圓前後。17 年 1 月來到 1,500 日圓附近多空交錯呈現持平狀態。應該是 1,000 日圓前後買的人，正在結清吧。

然後當賣方變少了，買方比賣方的需求占更多優勢，17 年 10 月起到 18 年 3 月為止繼續上漲。然而，股價在超過 3,000 日圓後，過去買入的人差不多要為了獲利而開

---

❶日本黃曆中稱為六曜，用來標注每日的吉凶。

線圖 1 SUMCO 的週 K（上升趨勢）

始賣出。這時比起買方,賣方較為優勢。

接著**線圖 2** 也是 **SUMCO**,在 2018 年 5 月以後的週K。轉換成下跌趨勢,止跌被認為是在 10 月的時候。從這裡開始在 1,200 日圓前後呈現持平狀態。

在 1,200 日圓以上買入的人,因為賣不掉一直在等,其中也有人停損了,也有在高檔布局賣空回補的人,但是由於積極做多的氣勢不足而呈現膠著狀態。

在 19 年 8 月左右,當停損的賣單出盡,多單變成多數的時候就到了,然後股價就上漲了。我們就從這張線圖來看上漲或是下跌的期間持續了多久吧。

線圖 1 當中,16 年 7 月到 17 年 2 月為止約上漲了 **7 個月**。更進一步又從 17 年 10 月到 18 年 3 月約有 **5 個月的上漲**。**線圖 2** 當中,從 18 年 5 月到 10 月為止約有 **5 個月的下跌**,然後又從 19 年 8 月到 20 年 1 月為止約有 **5 個月的上漲**。

所以我們可以說,上漲跟下跌的轉捩點大約都在 **6 個月**的時候。

■■6 個月這個期間當中也有投資人心理的影響

上漲與下跌都有在 6 個月內結束的傾向是為什麼呢?理由之一與股票的信用交易有關。信用交易是指以現金或股票作為擔保存放在證券公司,然後從證券公司借錢來買股票,或是借股票來賣出。

這個信用交易分為一般信用與制度信用這兩種交易方式,借來的股票有一定的返還期限。**原則上一般信用沒有**

線圖 2 SUMCO 的週 K（下跌、上升趨勢）

期限，但是制度信用則有 6 個月的返還期限，因此散戶投資人經過 6 個月後即便損失也必須結清。❷

　　其他的狀況還有，由日本證券交易所集團在網站上所發表的個別投資部門買賣狀況來判斷，推測東證一部的總交易金額約有 65 % 是海外投資人。而海外投資人持有股票的期間大概都是約莫 6 個月。經過 6 個月後，先結清的情況很多。

　　並且，在散戶投資人中，也有許多會在持有半年之後就想結清的投資人，或是即便損失，在經過半年後終於放棄而停損的投資人似乎也很多。像這樣的投資人心理也發揮很大作用，可以推測出 6 個月這個期間就是轉捩點。

▓▓ 上漲、下跌的第 3 個月、第 6 個月要注意

　　從投資人的心理來看，3 個月也是可以考慮結清的點。雖說如此，並不是「因為第 3 個月了，因為第 6 個月了，所以趨勢會變化了」這種單純的變動。但是，到了第 3 個月、第 6 個月時，我希望你可以像下面這樣思考，然後注意看股價的變動。

　　「差不多快第 3 個月了，快第 6 個月了。100 日線向上往 60 日線靠近了。K 線也來到 5 日線之上或之下，陽線持續。會轉換到上升趨勢嗎？若確認了趨勢轉換，就把空單結清，布局多單」。

---

❷台灣的制度與日本不同，請讀者務必查詢清楚。

　　然後請你為股價的變動先做好準備。不注意日子，只是傻傻地看著股價變動，就有可能錯過賺錢的機會。

08
獲利了結

用「9 日法則」
得知趨勢到頂

■■反映出投資人心理的法則

　　趨勢的轉捩點，長則是 6 個月。接著，這 6 個月股價會在反覆上下變動中上升或下跌。細微的上下變動也有天花板跟底部，這也是主要來自於投資人的心理。

　　如果續漲，投資人會意識到天花板，然後考慮「差不多要獲利」、「這次是不是要布局賣空」等等。續跌的話就會意識到底部，覺得「在低價買入吧」、「空單可能結清比較好」。反映出這種投資人心理的法則就是「9 日法則」。

　　投資人意識到天花板或底部，獲利點大約是 9 天左右。也就是說，趨勢會在 9 天前後先暫時停歇。

■■設定好數 9 根 K 線就賣出

　　「9 日法則」是數 9 根 K 線。無論上漲或下跌，將趨勢的起點當作 1，無論陽線或陰線，也無關股價漲跌，只要趨勢仍然持續，就數 9 根 K 線。這個法則在交易上可以運用的，是在趨勢行情中設定獲利的時點。

　　例如，假設買入那天就是上漲的起點。從這一點開始
數到第 9 根 K 線後，就考慮差不多賣了。此外，買入那
天開始如果是上漲的第四天的話，就能預測可能還會再漲
5 天。然後，一面注意股價的變動一面設定買賣的日子。

　　只不過，這個法則完全是在判斷趨勢會繼續的局面才
能使用的法則（如果上漲或下跌的力道很強時，有時也會
使用 K 線超過 9 根到第 17 根為止的「17 日法則」）。

　　趨勢的持續就如目前為止解說的那樣，用移動平均線
或股價，從 5 日線、20 日線的位置來推測。

趨勢持續中的「9 日法則」

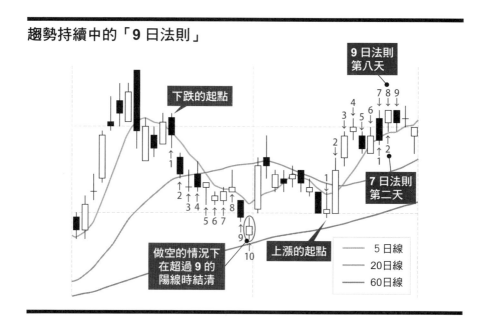

■■■在趨勢行情以外有效的「7日法則」

不過，有時候會有很難判斷趨勢是上漲或下跌的局面。這種時候，在 PPP 排列（參照 P160）以外的局面中，「9 日法則」不太能夠運用，這時就變成「7 日法則」出場的時候了。

覺得「那就是數 7 根 K 線就可以了吧？」這麼想的人，你太早下結論了。剛才的「9 日法則」是不論陰線、陽線只要數 9 根就好了，但是這次的數法有點不同。「7 日法則」是以收盤價為基準來計算。

在上漲的局面中，持續都是陽線，接著即便出現陰線，若收盤價格比前一天高就計算下去。比前一天低的話就結束計算；下跌局面也是，持續出現陰線，就算接著出

用最新收盤價來計算的「7日法則」

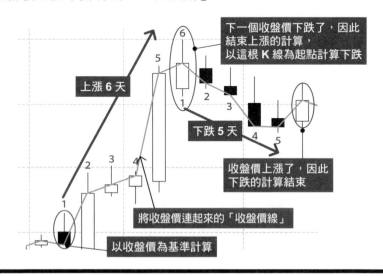

上漲 6 天

5

6
下一個收盤價下跌了，因此結束上漲的計算，以這根 K 線為起點計算下跌

下跌 5 天

收盤價上漲了，因此下跌的計算結束

將收盤價連起來的「收盤價線」

以收盤價為基準計算

現陽線，若是收盤價低於前日就繼續計算。若高於前日就結束計算。

　　只有計算方式不同，運用方法跟「9 日法則」相同。

09

趨勢

看不出趨勢時
就不要下單

■■■有些事不能做，才能不失敗

我從很小的時候就學了空手道，現在則是固定去合氣道的本部道場練習。我看到頂級師傅們的比試演出，受教於這些頂尖的師傅，努力練習技巧，所以我對頂尖的東西非常執著。這樣的堅持也適用在交易上。

要是從一些只有三腳貓功夫的交易員那裡受教，並不會學到真正的本事。想要持續致勝，就要學習一流的技術。我對自己的技術非常有自信，所以只要紮實地把目前為止講解的技術都學會，看著線圖練習，成功必然會伴隨而至。

也就是說，除了我講解過的東西以外都不要做這點也很重要。例如，P42 提到的下單進場，除了「分歧」之外的點，你都不要出手。

然而好像有很多人會「雖然知道這一點卻出手然後失敗」，會有這樣的擔心害怕。因此我就來談談哪些局面不可以出手吧。

■■暧昧的持平局面很容易失敗

看到「在持平局面容易失敗」的標題，你是不是覺得理所當然。但還是有很多人會在這時候進場，就造成了損失。其中初學者最容易失敗的局面就是持平。

持平就是股價在一定的價格幅度中上下的局面。這種時候的交易雖然也有人說「價格帶的下方買入，價格帶的上方賣出，價格帶之上就做空下來再回補」，但是這談何容易。

在價格帶之下布局多單，等待價格上揚，結果事情跟你想的不一樣又往下跌了。相反的你在價格帶之上賣了，結果隔天又進一步往上升趨勢走，這種事屢見不鮮。

來看一下下方**富士軟片控股公司**（4901）的日 K 線

富士軟片控股公司的日 K 線圖

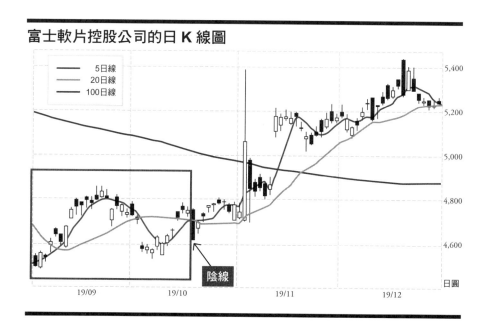

圖。灰色的框框內是持平的局面。假設你看到箭頭處出現
了一根陰線，就做了空單，結果卻是轉換成上升趨勢了。

■■■與「好球」有所差異的持平局面不能出手

接著是 SUMCO（19 年 5 ～ 7 月）的日 K 線圖。持
續下跌的股價從 5 月的下半月起開始在 1,200 日圓附近上
上下下。或許是差不多要止跌了。

股價的走向是下跌後「持平→上漲」的模式居多，因
此可以預測接下來或許是持平。持平是股價走向中很難預
測的局面，是初學者不要交易為妙的局面。

那麼根據下圖，我想問大家一個問題。脫離持平局
面，覺得可以做多的點是哪一個？我想回答「在 A 處買

你認為可以做多的點在哪裡？

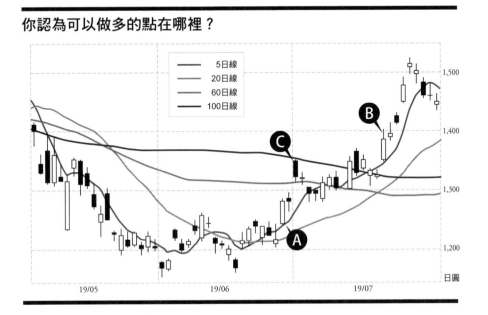

入」的人很多。線圖中在那之後是上升了，但是**其實在這裡買入後失敗的人不少，其實正確答案是 B**。尤其是初級者或是剛成為中級者的人，不要在 **A** 處出手比較好。

■■為什麼「在 A 處買入」是錯誤答案呢？

那麼，為什麼在 A 處不要買入比較好呢？看一下移動平均線吧。股價的 **K 線之上有 60 日線、100 日線，而且向下**。在這個時點還不能斷言會轉換成上升趨勢，也有在股價碰到 60 日線、100 日線後又被彈回的情況。

實際上 C 點就碰到 100 日線變成陰線。雖然這麼說，但是也不能在 C 點做空。K 線在 60 日線、5 日線、20 日線的上方，5 日線與 20 日線的位置關係則是 20 日線在 5 日線之下，兩者都往上走。**移動平均線不能確定是否為下跌趨勢，所以在這裡賣空很危險**。

B 點則是移動平均線的位置還有方向都顯示出上升趨勢。因此，某種程度上可以安心地布局多單。各位在序章中應該已經學到要打出安打「必須只看準好球帶」，而**這個好球帶就是 B 點**。

不僅是持平局面，在接近高檔或低檔等的局面中，股價未來的走向會如何變動，這種很難預測的地方就不屬於好球帶。所以不要在這裡交易比較好。

話雖如此，我也猜得出喜歡投資股票的各位就是會忍不住出手。請你牢牢記住「君子不近危牆」。

10

持平局面

觀察持平局面，
尋找下單買點

■■■把難以判斷的持平局面變成獲利機會！

就算說持平時勿出手，但我的意思並不是要大家無視持平的個股。相反的，持平也可以看成是機會！更進一步地說，甚至可以去尋找持平局面的個股。

股價是不停地上漲下跌，沒有永遠持平的股價。一定會從持平變成上漲或是下跌。沒錯，緊盯持平局面的話，就有可能掌握到趨勢轉換的訊號。

尋找持平的個股，然後一旦有動靜，就配合移動平均線的動向確認趨勢轉換，這時候進場就能減少失敗。若確認持平，就要認為是機會，仔細觀察股價動向。

■■■只要等待，直到變動如你所預測的即可

如果到目前為止的內容都理解的話，大家就知道等待的重要性了。當難以判斷股價會如何變動時，當中就潛藏著陷阱。這個陷阱就是移動平均線。以為它彎曲地往下走了結果往上去，以為它要上去了卻又往下走……

如果被這樣的變動迷惑而出手買賣那就完了，就算不

至於完蛋，也有可能蒙受很大的損失。

剛剛已經說過，大家都很喜歡投資股票。什麼都不做只是等著，忍耐著不交易應該也很痛苦。如果移動平均線的動向顯示出往上走時就想買得不得了，顯示出往下走時就想賣得不得了。

就算想著「總之就試著買看看吧」、「稍微賣一下吧」也不可以。這也是造成重大失敗的原因。所以我希望喜歡股票喜歡得不得了的人，更要好好地學會等待。

■■即使認為是趨勢轉換，也不要立刻買賣

請看下圖 1。在這裡再度顯示出「等待」的訊號。

圖 1 是股價變動從上升趨勢往下跌趨勢走的局面。5

圖 1 由上升轉換為下跌趨勢

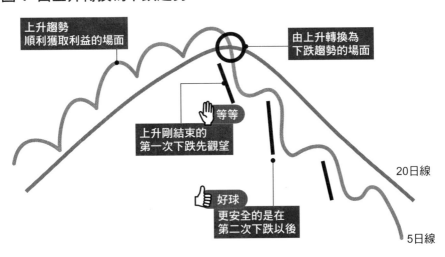

日線跌破了 20 日線。似乎要從上升趨勢往下跌趨勢轉換了。「好！決定賣了！」。不對，不可以喔。在這裡「等待」才是正確答案。因為會有慌張賣掉，結果又上漲的情況。就等到 5 日線撞到 20 日線後反彈為止吧。

圖 2 則相反，是從下跌趨勢轉換成上升的局面。在這裡也是不可以慌張地下決定「買了！」要先深呼吸等一下！等到 5 日線接近 20 日線，又再度上升的點為止吧。

等到能更準確地判斷上漲與下跌趨勢時再買賣，希望你養成等待的習慣。

圖 2 從下跌轉換為上升趨勢

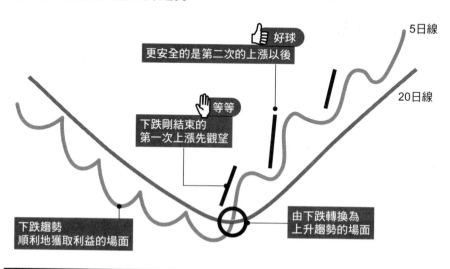

11

好球帶

把不正常的局面看成壞球跳過

■■■ 「等待」之後不可以用妄想來交易

在棒球中有看起來像是好球的局面但其實是壞球，就算揮棒了也會落空，或是變成界外球，結果落入出局的下場。股票交易也時常有這樣的狀態，例如下圖。

只瞄準好球帶打擊

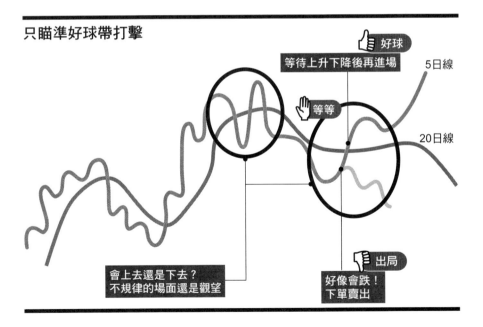

👍 好球
等待上升下降後再進場
5日線
✋ 等等
20日線
會上去還是下去？
不規律的場面還是觀望
👎 出局
好像會跌！
下單賣出

首先，5日線在20日線的上下來去穿梭，呈現不規律的變動。這時的股價會怎麼變化並不明確，在這裡買入或賣出的話也會造成虧損，所以要等。等待之後，5日線掉到20日線下面了。

各位投資者應該蠢蠢欲動很想賣掉吧。結果，5日線開始有點向上走了。各位腦中是不是浮現了接近20日線，卻又無力地往下走的下跌訊號「分歧」呢？

最後5日線終於離20日線最近時，你的腦海裡響起了「賣了！」的聲音，在這裡就是布局賣空的時機了。但這個聲音是惡魔的絮語。「分歧」還沒有完成。可是你卻抱著妄想賣了……

這個局面還是有充分的可能性會突破20日線往上升的。所以這裡也是一樣只要等待就好。然後直到看到5日線最後的動作完成，再進行買賣就可以避免損失。

■有8成的成功率，就能賺錢！

已經提醒各位很多次了，請你絕對要等待到可以成功賺錢的局面為止。想賺錢的話就請你等待！賣也好，買也好，雖然5日線接近20日線了也是會失準，明明等待「分歧」後再交易就好了，卻在那之前就慌忙買賣造成損失的情況真的很多。

這麼說，可能也會有人抱怨說「等了半天，結果一下子漲上去害我沒有賺到！」但是，像這樣沒有賺到的情況10次裡面最多也就兩次。

只在意兩次的失敗就說「這方法不能用，再找找別的

方法吧」，於是讀了各種投資理財書，然後又重複同樣的失敗。這樣的話一輩子也賺不到錢。**只瞄準獲利好球帶的話，雖然不會說是百分百，也有八成的成功率。**

不是靠偶然的運氣，瞄準可以打擊的區域確實地賺到錢就好。那麼，我們就用日經平均指數的線圖來試試這個高獲利的技巧吧。

■■■由線圖看出「等待」與好球帶

線圖 **1** 是**日經 225**（1001）的日 K 線圖。5 日線在 20 日線下，持續下跌。然而在 A 點，5 日線向上穿破了 20 日線上升，請問在這裡可以買嗎？回答 YES 的人，理由何在呢？

線圖 1 日經 225 的日 K 線圖（A 點）

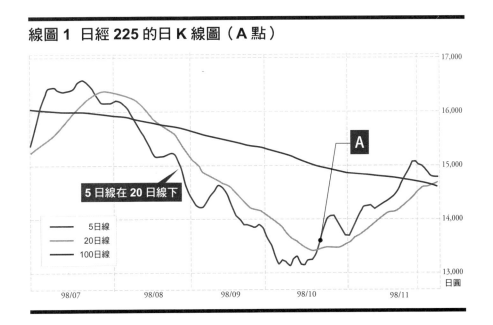

如果你的根據是「因為前面的持平處已經是底部」
的話，似乎也有道理。但是，**你之所以能夠判斷這是底
部，是因為你現在正在看這張線圖不是嗎？如果，你目前
就處於 A 這個時點，後面的股價會如何變動還不清楚的
話怎麼辦呢？**

　　你不會知道這裡是不是底部。因此，在 A 點我們
還不清楚是不是已經轉換成上升趨勢了。**在 A 點買入
的話，就結果論而言是賺錢的。但是，這完全只是結果
論，而不是你看準後才下手的。**

　　如果在 A 點進場然後下跌的話，當然會損失。這時
候你可不能沮喪地覺得「啊，賠錢了」。你要樂觀地看待
「雖然損失了，但是我知道這裡不是底部了」，然後請

線圖 2 日經 225 的日 K 線圖（B 點）

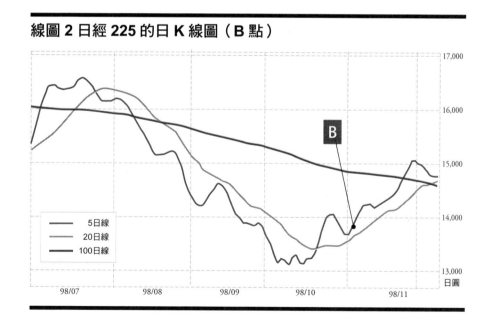

反省。這個反省就可以讓你運用在下次的交易中。

　　那麼，可以看準後拿下的地方是哪裡呢？那就是**線圖2**中的 **B 點**。這就是進場模式 2（參照 P43）中解說過的「**分歧**」。其實這張線圖還有另一個可以獲利的地方。請用**線圖 3** 確認一下。

　　首先，大家覺得 **C 點**如何？這時就需要等待（參照 P65 的圖），可獲利的地方就是在「**分歧**」之後的 **D**、**E**。但是明白與做得到又是兩回事。實際的交易中每天看著股價跳動就忍不住會出手，這就是股票投資者的可悲天性。請你時時刻刻注意，交易時別忘了冷靜。

線圖 3 日經 225 的日 K 線圖（C、D、E 點）

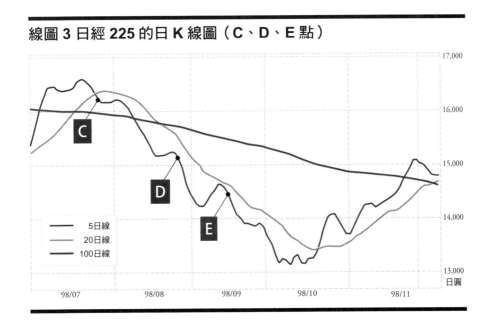

12

<u>週K</u>

利用週K、日K 推敲交易作戰方法

■■■站在高處判斷股價動向

K線的線圖中,一般使用的有日K、週K和月K。初學者常用的就是日K線。日K線顯示的是一天當中的股價變動,所以在短期投資時日K線就會用來參考。

因此,初學者當中也有人雖然會看日K線,但是週K線或月K線幾乎完全不看。當沖交易就另當別論,但就算是短期交易,我也希望你要習慣看週K線。

因為看週K可以預測出股價的大方向。例如日K即使下跌,只要週K還在上升趨勢的話,就可以理解為是上升趨勢中的下跌。

站在高處預測股價動向推敲交易的作戰方式,成功的機會更高。

■■■用週K線來看移動平均線與K線位置

日K是一天的開盤價與收盤價,週K是該週的開盤價與最後收盤價,月K則是該月的開盤價與最後收盤價,K線的實體是這樣形成的。然後週K跟月K都跟日

K 一樣，可以用移動平均線與 K 線的位置來預測上升或下跌的趨勢。

　　試著使用線圖來預測趨勢吧！下圖是**日經 225** 的週 K 線圖。我回溯了過去 30 年的日經平均指數徹底驗證。得到的結論就是價格的變動本身沒有什麼改變，無論在哪個時代都是反覆的上下。

　　在 **A** 的時點移動平均線由上到下的排列順序是 100 週線、20 週線、5 週線，「分歧」發生後，K 線來到了 5 週線之下，預測未來是下跌趨勢，是可以賣空的局面。

　　下單的點則無論週 K 或日 K 都一樣。在分歧後的 **A** 點賣出。賣出獲利的點也跟日 K 一樣，數下跌（A 的前一根陽線為起點）到第 8 根陽線出現時就要想「可能會

日經 225 週 K 線圖

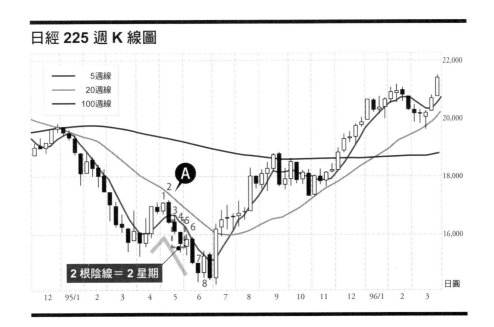

漲？怪怪的」，然後結清（9 日法則）。

■■日 K 的上下，在週 K 中是一時的變動

　　來說明一下用週 K 是從高處看出股價的變動吧。從 A 到結算為止的陰線 K 線是 2 根。因為這是週 K 所以相當於兩星期分的變動，也就是持續下跌兩星期的意思。

　　週 K 的 K 線一根，在日 K 中就是 5 天，兩根的話就是 10 天。當然，股價在 10 天當中是上上下下的。在日 K 線圖中 K 線應該是一下子陰線，一下子陽線的上下變動。

　　然而，「兩根週線＝兩星期」都是陰線的意思，就是說**日 K 的 K 線無論怎樣顯示出上漲，在兩星期後結束時結果也是下跌的**。也就是說，可以想成這些上漲不過都是下跌中一時的上漲而已。可是你卻被這樣暫時性的上漲迷惑，慌亂結清而損失。相反的，**週 K 明明是下跌趨勢卻不知道而被一時之間的上漲所騙而買入，於是造成損失**，這種事也有可能。

　　因此，還是看週 K 來判斷比較好。在第 2 章會講解，不過在 1 ～ 2 星期內保有多單或空單瞄準利益的短期交易中，就必須看週 K 預測動向，然後進場下單。

　　此外，若是兩天到一星期左右就完成交易的短線投資法，「散彈槍」法也是建議你先確認週 K。會這麼說是因為即使打算以散彈槍法進場，如果能用週 K 預測趨勢會持續，就不要短期結清，才能賺取更大的利益了。

■看上漲、下跌的訊號來判斷趨勢

雖然主要使用短期交易，但是也能夠應用在其他交易中，接著就來說明**使用週 K 線圖擬定作戰法的概念**吧。

請看下**圖 1**。5 週線往下走畫出下跌趨勢，陰線持續可是 A 週的週 K 線出現了陽線。看到這個，就開始推敲第 2 週 B 週的作戰。

我會說明這是基於什麼樣的考量，大家也一起來想想看。**A 週的陽線對 5 週線而言是「下半身」**（參照 P161）。各位會擬定什麼樣的作戰法呢？

或許你會想到這樣的作戰方法。「**B 週或許會上漲，要用做多來應戰嗎？不，等等。因為一直在下跌，所以這裡是不是底部還不清楚。也有可能下跌，什麼都不做，觀**

圖 1 使用週 K 擬定作戰法

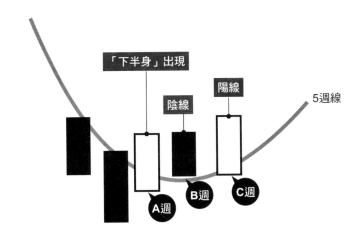

察一下吧。」

　　就像前面多次提過的，在還不清楚並且還沒有很明確的局面中，就什麼都不要做，等待很重要。結果 B 週是陰線。那麼接下來要怎麼想？

　　「B 週的週 K 雖然是陰線，卻位於 5 週線之上。應該可以判斷下跌已經結束了吧。差不多了！C 週的週一或是週二、週三如果出現陽線就買吧。」

　　這樣想著，就一面忐忑地等待星期一。到了星期一，若股價如預測般變動，就知道可以下單買入了。如果要更保險的話就「確認一下 C 週的週 K 吧。如果是陽線的話就判斷已經止跌，在 C 週的隔週開始買入！」

■若出現與預測不同的變動就取消作戰

　　那麼，C 週的星期一如果出現陰線的話怎麼辦？這是跟原有預測不同的變動。

　　「從做多改成做空，賣出」是不可以的喔。因為難以判斷是回到下跌趨勢。星期一就不要買賣。等到星期二、三。星期二也是陰線。在這裡也不買賣。

　　然而到了星期三的後半，看快要收盤時的股價，似乎要變成陽線了。這是可以考慮買入的局面。在這裡買或不買，就看日 K 線圖來判斷。

13

週 K

價格變動如預期時、
不如預期時的因應法

■■■ 使用日經平均指數來練習預測週 K、日 K

以下是以短期交易（會在第 2 章後述）為前提的作戰法。看了週 K 後要如何擬定次週的作戰計畫，我用日經平均指數來講解吧。這個技術就是在 1 ～ 3 週內解決的短

按照預測變動的線圖 1 日經 225 的週 K 線圖

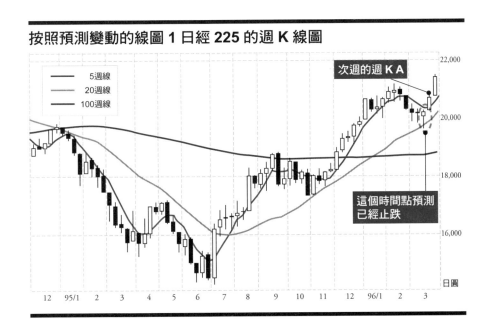

次週的週 K A

這個時間點預測
已經止跌

- 5週線
- 20週線
- 100週線

22,000

20,000

18,000

16,000

日圓

12　95/1　2　3　4　5　6　7　8　9　10　11　12　96/1　2　3

期交易中必備的技巧。我們稍微練習一下吧。

P77 的**線圖 1** 是**日經 225** 的週 K 線圖。陰線持續，然後出現了帶下影線的陽線。碰到 20 週線後停下來了。這樣便預測已經止跌，次週如果超過 2 萬點而 2 萬點就此不破的話，就擬定以做多應戰的作戰法。結果下星期以及再下個星期也是陽線上漲。

下面的**線圖 2** 是將線圖 1 的週 K 用日 K 來顯示的線圖。將線圖 1 中的一根陽線週 K 用日 K 來表示的話，**相當於次週 A 的星期一出了陽線**。剛好這週的星期二是假日因此市場休市。星期三、星期四是陽線。星期五雖然是陰線，但是並沒有破 2 萬點。並且星期五的收盤指數比星期一高，可判斷週 K 為陽線。

線圖 2 後來的日經 225 的日 K 線圖

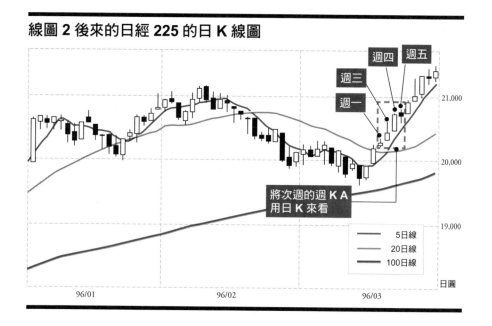

　　我大多在下半場（午後的交易）要收盤時，14 點 30
分左右交易，因此沒有破 2 萬點，在確認了陽線逐漸完
成的星期五大概收盤價後，應該會買入。因為週 K 是陽
線，所以擬定了次週也是「繼續做多」的作戰計畫。

■■■變動與預測不同時的因應法

　　接著，來講解一下變動顯示出與預測不同時的交易範
例。**線圖 3** 顯示出下跌趨勢。移動平均線由上到下的排
列是 100 週線＞ 60 週線＞ 20 週線＞ 5 週線的順序。

　　「變成那樣的話就會這樣」，所以預測照這樣會持續
下跌，擬定了次週「做空」的作戰計畫。P80 的**線圖 4**，
顯示的是圖 3 的次週週 K 與日 K。看日 K 的話星期一是

變動與預測不同的線圖 3 日經 225 的週 K

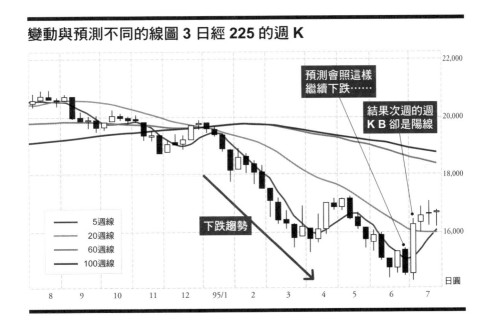

陰線所以賣。然而星期二時漲上去了。

這時就不用考慮直接結清吧。星期四也是上漲的。本來是想賣的，所以也不買。星期四、星期五也都不買。

■■■預測失準時就果敢撤退

線圖 3 後來的週 K 線 B 是陽線。預測會下跌所以在星期一賣了，但是卻預測失準，在星期二上漲了。因為在這裡已經把做的空單結清，所以沒有太大損失就解決了。

如果以為就算預測失準，繼續抱著應該還是會跌的話，就會造成損失。在短期交易法中，預測失準的話就要及早撤退，做風險控管。當然，這在所有的交易中都是共通的，**預測失準的話就乾脆結清才是較好的選擇。**

線圖 4 後來的日經 225 的日 K

14

月 K

利用月 K、日 K
推敲交易作戰方法

■■■用月 K 線則是在更高的地方俯瞰股價

在第 2 章我們將會解說在 3 ～ 6 個月期間內針對一檔個股進行「部位操作」（建立空頭部位、多頭部位或是放掉），無論股價上漲或下跌都可以獲取利益的「波段操作法」。

例如，如果是看準做多的利益，就要在低檔價位累積多頭部位，在上漲的地方賣出，獲取重大利潤。在這個投資法中使用的是月 K 線的 K 線圖。

月 K 是將一整個月的股價變動用一根 K 線來顯示的線圖，這樣的線圖是由龐大的買賣量形成的。股價是這樣的上下變動，應該可以看得出某些規則性。

波段操作中，是用月 K 來確認該檔個股的高點與低點。詳細內容我們會在第 2 章的實踐篇中解說，在這裡我們就用 **SUMCO**（3436）的線圖簡單說明如何看月 K 線。

P82 的**線圖 1** 是從 2014 年起的月 K 線圖。下跌是從 2018 年開始持續，到 2019 年 1 月左右變成持平。看這些 K 線會發現 1 月是陽線、2 月陰線、3 月陰線、4 月陽

線、5 月陰線、6 月陽線、7 月陽線。6 月、7 月持續了 **2 個月的陽線**。因此止跌了，可以認為這裡就是「暫時的底部」。從 7 月下旬到 8 月，可以認為是用日 K 為基礎來布局買入局面。因此在這裡只要股價跌了就慢慢買。

相當於月 K 的 2019 年 8 ～ 11 月中旬的日 K，在次頁的線圖 2。在這個期間內股價要是下跌了就買。特別是 8 月呈現持平狀態，所以下跌之後就買。

■■■用月 K 確認過底部所以更安心

因為用月 K 確定了底部，所以在下跌的地方買入也有不會再下跌的安心感。在 7 月、8 月、9 月都是買、買、買……大量布局多單，在 10 月先暫時賣出獲利。

線圖 1 SUMCO 的月 K 線圖

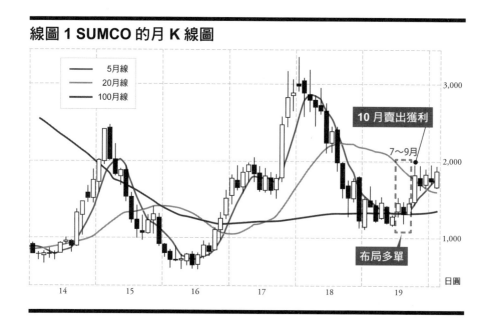

　　以平均單價 1,400 日圓左右買入，10 月的高點是 1,900
日圓左右，因此用 3 個月得到 500 日圓的利益。如果買了
1,000 股的話就是 50 萬日圓的利益。實際上的波段操作是
花更長期的時間，實行空方部位、多方部位增減的「部位
操作」。如果是職業操盤手，是以 1 萬股為單位在買賣，
賺取數千萬、數億日圓。

　　在這裡你可以掌握月 K 線圖的使用方法及波段操作
的大概印象就很好了。

▉▉ 從來不做大賺或大賠的買賣

　　到這裡，基礎的技術篇就結束了。但是股票投資的
技術絕不止如此，還有許多至今解說不完的方法。只不

線圖 2 線圖 1 的 SUMCO 加上日 K 線後

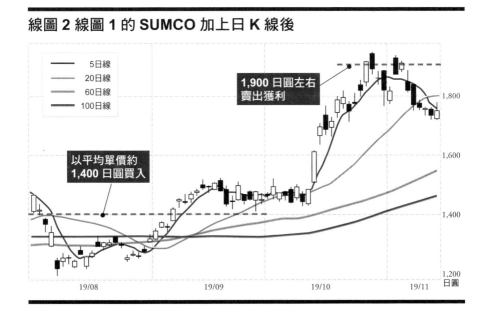

過，我講過的這些內容無論哪一項都是交易要成功不可欠缺的技術。希望各位讀者能好好練習。

　　我在交易時並非抱著絕對的自信，有時也會很緊張地下單買入、布局賣空。可是，我從來不做那種不是大賺就是大賠的賭博式交易。而且我每天都努力練習技術，即使被人稱為股票大師，我也一直在學習。

■■■拼命看線圖理解股市動向

　　我的學習方式就是不停地看線圖，而且反覆重看。第一次你沒發現的第二次會發現，第三次又會有新的發現，第四次會理解更深層的意義，到了第五次又會有新的發現。

　　交易技巧越磨越光，我也希望各位能跟我有同樣的體驗。光是閱讀是學不會技術的。請你多看線圖，然後去理解移動平均線與股價的關係、趨勢的發生與結束等等。一開始不能理解的事情，在看過很多線圖時就會慢慢懂了。

　　那麼，到目前為止學到的技術，拿到實際的交易上要怎麼使用呢？那就讓我們用第 2 章的實踐篇來講解吧。

實踐篇
相場式
3 大交易法狙擊
買賣好球

01

3 大交易法

初級、中級、高級的
3 大投資法

▓▓▓ 根據自己的程度來磨練技術

在第 1 章我們講解過交易的致勝技術、擬定作戰的方法。在實踐篇中，我想利用線圖來講解如何運用技術去作戰。請大家一起練習吧。如果有不清楚的地方，就務必再回到前一章的技術篇再次確認。

專業工匠是從當學徒時就學習技術、累積經驗，才一步一步朝著高處走。交易也是一樣的。剛開始交易沒多久，明明還沒學會多少技術，不太可能就突然開始進行操作部位。用武術來比喻的話，就像是剛進門的新弟子要跟有段數的人比武一樣。

希望各位選擇符合自己的技術程度來交易，累積經驗後再進行更難的挑戰。

▓▓▓ 從低資金開始往上升級

在相場式交易中，因應各個程度有 3 種交易手法。這

3 種手法就是適合初級者的「散彈槍法」、適合中級者的「短期交易法」，與適合高級者的「波段操作法」。

而這 3 種手法也有從少數的資金開始，一邊累積資金一邊升級，最後能瞄準大筆利益的特徵。關於這 3 種交易，在後面我們會個別解說，這裡先簡單地說明。

■■■適合初級者的「散彈槍法」

2 天到一週的短期交易中，只看準上漲或下跌的一部分來獲利。不要在一次的買賣中使用賣空或做多的「部位操作」。此外，如果只做多的話，就算不開信用帳戶（不賣空）也可以交易，很適合剛起步的初級者。資金有 30 萬日幣就可以了。

首先習慣了用散彈槍投資法來交易之後，儲存了資金再往下一級的程度前進就可以了。

■■■適合中級者的「短期交易法」

這是類似散彈槍法的投資手法，但是持股期間稍微長一些，大約是 **1 ～ 3 週**。跟散彈槍法在一樣的地方進場，差別在結清的點。持股期間比散彈槍法長，另外還由於可以追加買入或賣出的機會增加，獲利也會更多。

此外，有操作部位的必要，可以說適合已經習慣散彈槍法的中級者。由於也有使用賣空為佳的局面，因此最好是開個信用帳戶，希望能準備約 50 萬日圓的資金。

■■■ 適合高級者的「波段操作」

這是花上 3 ～ 6 個月，在一檔個股的上漲行情或是下跌行情中獲取利益的手法。當然，在上漲行情當中也會有一時的下跌局面。因應局面持有多方部位的同時也布局做空，或是將多方部位結清增加空方部位來進行「部位操作」。

這需要高水準的技術與經驗，而且需要的資金比散彈槍跟短期交易略多一些，是適合中高級程度的方法。

利用散彈槍法、短期交易法充分累積經驗後，很建議各位試試看。必須要有 100 萬日圓以上的資金。

■■■ 對象個股是市值 3,000 億日圓以上的大型股

這 3 種交易法，雖然是按照程度區分，但並不是表示高段者一定要用波段操作法。一邊進行波段操作，同時也進行散彈槍法和短期交易法，希望各位能因應局面靈活運用各種交易法。如果你覺得自己適合散彈槍法，那就把散彈槍法發揮到淋漓盡致也很好。

3 種交易法的資金和程度雖有不同，但是武器是共通的，那就是在第 2 章學會的技術分析（Technical）。跟財報或市場消息等基本面完全無關。

投資的對象個股是市值 3,000 億日圓以上，在東證一部上市的個股。如果想更進一步篩選對象股的話，也可以到 2014 年開始比較新的股價指數「JPX 日經 400」採用的 400 支個股中去尋找。新興市場的個股或是小型股因為

股價變動紊亂（稍微多一點買入就會急速翻騰，一有人賣出就容易急跌），很難建立獲利的腳本，因此我不推薦。

另一方面，市值越高、事業的穩定性或資本效率越優秀的個股，越不容易發生不規則的價格變動。也就是說，可藉由學習過去的線圖進行未來價格變動的預測。

■■■以預測局面為交易基礎

在第 1 章時提過，開始交易後要看「分歧」或「下半身」等線圖的訊號，弄清楚下單進場的根據，以及描繪出獲利的故事腳本很重要。

「如果出現分歧的話就進場」、「接著要是出現反下半身就賣掉」、「衝破低價往上升的話就買吧」等等的各種規劃。如果趨勢如你預測，就是交易的開始。

不過出現「以為分歧就會上漲，結果卻跌了」、「收盤價沒怎麼跌，好像要出現反下半身了卻沒有」時該怎麼辦呢？沒錯，就是等待。等局面如你預測，再開始交易。

即便是短期買賣的散彈槍法，也不是走到哪算哪，要以預測基礎來交易是很重要的。那麼，接下來就舉出實際範例來講解這 3 大投資法。

02

散彈槍法

看不出未來行情時
就鎖定短期獲利！

■■ 規避風險，瞄準短期獲利

即使是初學者的資金很少，也可以開始做的就是散彈槍法。它最適合初級者的最大原因是，跟短期交易與波段操作相比風險較小。

散彈槍法用技術篇裡提到的模式（參照 P42 ～ 48）去下單之後，2 天到 1 週就獲利結清。在趨勢轉換前，股價開始有一點奇怪動靜（明明是股價上漲期間卻出現陰線等）的話，就趕緊結清才不會造成重大損失。

■■ 5 次中有 3 次的準確率就算成功了

因為是短期買賣，因此平日就要盯著你有興趣的股價動態看，當線圖出現可以下單的訊號（PPP、下半身、分歧）時就開始交易。因此，**散彈槍法可以同時進行好幾檔個股的交易。**

由於是不違逆趨勢的交易，因此基本上就是順向操作。這一點對初學者來說也是很好進場的方法。初學者只要在 5 次中成功 3 次就可以了。

不過，雖說是適合初級者，若是技術還未成熟就不可能輕鬆賺錢。這一點要注意。

■■■散彈槍法是 3 大交易法的原點

在散彈槍法中，技術越磨練，成功率就越高，獲利也越大。這個技術在短期交易跟波段操作中都可用。中級、高級班的話，可先以散彈槍法進場，視狀況直接改為短期交易，又或是在波段操作中同時用散彈槍法交易。

因此散彈槍法是 3 大交易法的原點。對初學者來說，可以先用這個方法磨練基礎技術。

03

富士軟片 HD

5 日線穿破 20 日線的
「黎明前」就是機會

■■■ 思考下單前等待的理由

P93 的**線圖 1** 是**富士軟片控股公司**（4901）的日 K 線
圖。**A** 的陰線出現後要設定怎樣的交易策略呢？在這裡希
望各位注意的是移動平均線。

在 **A** 的前一天，雖然出現了陽線，但是往下貫穿了 5
日線，5 日線更進一步來到 20 日線以下。這時各位會不
會覺得「要轉換成下跌趨勢了，賣賣看吧！」

其實，這裡正需要等待。因為「**即使 5 日線是向下
的，但是 20 日線、100 日線是向上的，因此還很難預測
上升趨勢已經結束。等到趨勢容易預測為止吧！**」

以初學者的散彈槍法，要這樣想比較好。等待隔天陽
線出現了，應該做買入。而且在 5 日線之上，移動平均線
全都向上了。

■■■ 所有的移動平均線都強勢往上升的 PPP 排列

看移動平均線的位置後發現由上到下是 5 日線、
20 日線和 100 日線。這在相場式交易中就稱為 PPP 排列

（參照 P160）。

PPP 是明快的開場號角聲（Fanfare）「Pan PakaPan ～♫」的簡稱。因為所有的移動平均線都是強勢向上的上升局面，所以這樣取名。因為出現了 PPP，所以預測局面回到上升趨勢，因此可以進場。

■■■初學者就結清不要勉強

關於結清的部分，在散彈槍法中不要勉強。以「9 日法則」（參照 P159）從上升的第一天（以 **A** 為起點）開始數，在第 6 根陰線賣出獲利。如果是我的話，會認為第 6 根陰線是「上升局面中的暫時拉回」，以第二天早上的開盤，確認過開盤價下跌後再結清。

線圖 1 富士軟片控股公司的日 K 線圖

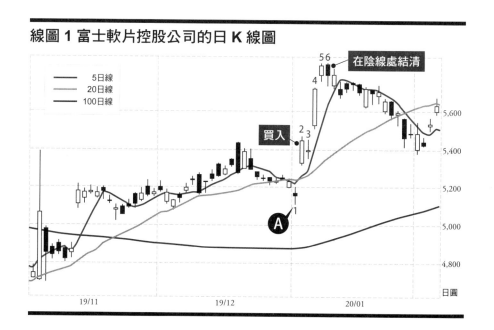

04

在分歧後的
安全圈內獲利！

■■■分歧之後的進場機會

　　P95 的 **線圖 2** 是 **FullCast** 控股公司（4848）的日 K 線圖。在技術篇中，我說過在分歧之後就是下單的機會。那 **A 點**如何呢？上升後的 5 日線貼緊了 20 日線，感覺似乎有分歧要發生的徵兆。但是，請先等一下。

　　各位發現了嗎？100 日線的位置。5 日線上有 20 日線，短期線顯示出上升的樣子。但是短期線的上面還有 100 日線。**上升趨勢是由上到下為 5 日線、20 日線、100 日線的順序排列時才穩定。在這裡仍然不穩定。**

　　因此，再觀察一下吧。隔天的下半身，很有朝氣地衝出了 5 日線。這裡就可以買了。可以買的根據是，「**因為分歧而預測出移動平均線會形成 PPP 多頭排列，是顯示為上升的排列方式。K 線的實體有一半以上衝出到 5 日線之上，是朝氣蓬勃的下半身**」。

　　沒錯。進一步衝出 5 日線的下半身也追加買入。

線圖 2 FullCast HD 的日 K

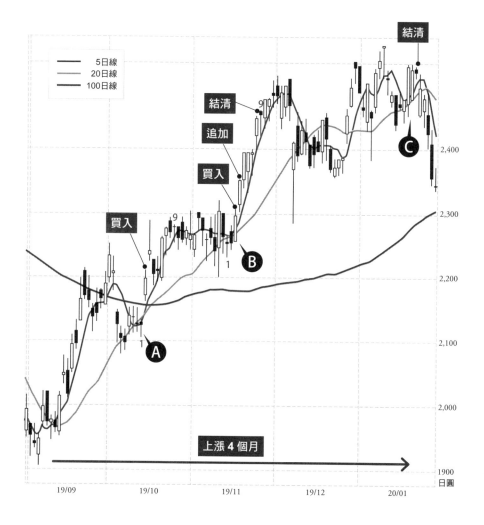

■■■結清是在數完「9 日法則」後的陰線處

那應該在哪裡結清呢？從上漲的起點開始第 9 根出現了像是小方塊的陰線。散彈槍法就是盡量不要冒險的交易。因此在這條陰線的地方結清。

第 9 根像方塊的陰線出現之後的次日後，會往上還是往下，是很難預測的局面。由於無法說是好球帶，所以不下單只是觀察。然後，**B 點**也出現了分歧。這裡是可以買的點。

到這裡為止沒有問題吧。

■■■趁早撤退，有 5 分之 3 的成功率就好

C 也出現了下半身，似乎會出現分歧，是買入也沒有問題的局面。如果布局了多單，能不能突破前一個高點就是很重要的點了。在 **C 點**及次日仍未能突破前一個高點。

而且從開始上漲已經大約經過 4 個月了。希望你在這裡有感覺到奇怪的氛圍。然後出現了方塊似的陰線就結清吧。雖然有點損失，但是還在容許範圍內。

散彈槍法會有很多進場的點，因此只要有 5 分之 3 的成功機率就很好了。

05

SUMCO

有根據的交易
才會獲勝！

■ 注意現在的 K 線在 100 日線之上還是之下

接著，是**線圖 3** 的 SUMCO（3436）。這張線圖在技術篇（參照 P62）也介紹過，不過我們再複習一次吧。技術篇中我曾經講過，持平時就不可以出手。

線圖 3 SUMCO 的日 K 線圖

那麼 A、B、C 這三點該買在哪裡呢？我的建議是 **C 點**。你是不是覺得「咦！C 並不是分歧之後啊。為什麼買呢？」我給各位的提示是，**移動平均線與 K 線的關係**。

　　看一下 100 日線與 K 線的關係，發現 **A** 雖然大陽線對 5 日線出現了一個下半身，但是它還在 100 日線以下。在那之前 K 線有接近 2 個月的時間一直在 100 日線以下。

　　A 的陽線也可以看成是下跌當中一時的上漲。在這裡等待會比較保險。雖然後來持續上漲了，不過這完全是結果論。K 線在 100 日線之下。這是第一次的上漲，或許只是暫時的上漲。從這兩點看來，**在 A 的下半身就先跳過不要進場**。

　　那麼來看 **B 點**。是往上貫穿 5 日線的健康下半身。

線圖 3 的買賣點

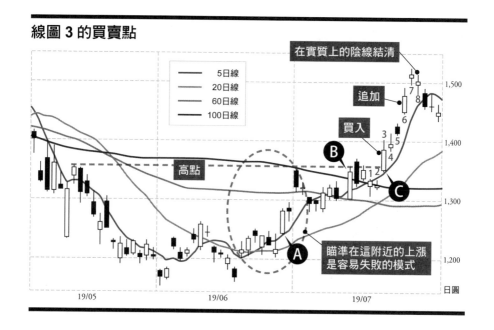

但是，第二天卻是陰線。這根陰線該怎麼判斷？「好不容易出了一根陽線，卻又變陰線，會不會又跌回去？」你是不是會這樣想？

在這裡請各位這樣思考，**「雖然變成陰線，但是幾乎沒有破 100 日線就結束了。上升趨勢可能持續？先觀察一下吧。」**

隔天雖是陽線，卻沒有分歧，在這裡沒有買入的根據。於是，在接下來的 2 根陽線都破了 5 日線下，所以不能買。

那麼，可以賣嗎？K 線是陽線，5 日線又好像要追過 100 日線，朝上走。這樣也不能賣。

接著是 **C 點**。暫時掉到 5 日線以下的股價衝出了 5 日線（下半身），而 100 日線位在 5 日線下方。20 日線也往上走。可以預測不久之後就會越過 100 日線。此外，也超過了過去半個月來的高點與 2 個月來的高點。

下半身與移動平均線，過去半個月來與 2 個月來的高點，這樣就有 4 個可以買入的根據了。在這裡 **C** 即便不是在分歧後也是可以買的點了。

賣也好買也好，都要有 2 個以上的交易根據。沒有根據的下單太亂來了。只有一個根據，也有些薄弱。

■■在關卡與「實質上的陰線」結清

那麼在哪裡賣出獲利才好呢？因為可以判斷為上升趨勢了，所以就可以使用「9 日法則」，將上漲的起點當成 1 計算到 9 根 K 線的地方。而這次選在第 8 根小陽線就結

清，不等到第 9 根而在第 8 根結清有兩個理由。

首先就是關卡。剛好碰到 1,500 日圓的股價關卡，之前已經提過投資人都會意識到整數股價，而 1,500 日圓也是整數股價。當股價達到這樣的關卡時，就考慮結清吧。

然後我也建議你留意一下**與前一天的股價之間的關係**。看線圖就知道開盤是從比前一天便宜許多的價格開始的。上影線跟實體都沒有破前一天的高點跟低點。可推測出上漲的氣勢並不那麼強，可以想成**雖說是陽線實質上卻是陰線**。也可以判斷就是天花板了。因此，不要等到第 9 根才結清。

06
SUMCO
在 PPP 排列且趨勢穩定時
靈活運用「17 日法則」

■■ 初級者在 A 點要等待的理由

接著是**線圖 4** 的 **SUMCO**（3436）。趕緊進入正題，
進場的點是在 **A** 的陽線處嗎？還是 **B** 呢？

初級者在 **A** 點還是要等待，理由是 **A** 點的前面還在

線圖 4 SUMCO（3436）

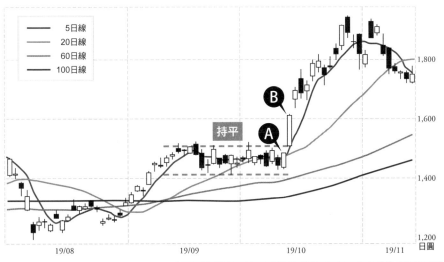

持平,接下來是要往上還是往下走?還有往下穿破的可能性。另一個理由是,這個下半身並不完整。類似的局面在線圖 2 的 FullCast HD(參照 P95)也有,但是跟 SUMCO 不同的是它有下半身。

下半身的定義是,陽線的實體一半以上從 5 日線貫穿而出。A 點雖然是從上方穿出 5 日線的陽線,但是只有頭部,不符合一半以上的定義。因此,很難說是初級者可以進場的下半身。

▓▓▓ 從持平開始的向上發散是機會

盡可能不需要冒著風險的就是散彈槍法,在這裡就先等等吧。不過,如果是中高級者,由於經驗與資金都有餘

線圖 4 SUMCO(3436)

裕，因此在 A 點買入是沒有錯的。

更進一步以 **A** 為起點，在第 5 根陽線處追加買入也是可以的。這裡是「**陽線―陰線―陽線**」並列。這個移動平均線的排列且在陰線後出現陽線的話，以我的經驗判斷，大多會更進一步上漲。

人跟線圖都一樣，一直往上衝會喘不過氣來。暫時以「陰線」小歇一下，休息過後更容易加速上升。

■■結清也可以使用「17 日法則」

說到結清，由於判斷是為上升趨勢，因此可使用「9日法則」。上升的起點為 **A**，則數到 9 就快碰到 1,800 日圓的關卡。由於散彈槍法不要勉強，因此在這裡就結清。

如果是我，**無論上漲或下跌，移動平均線呈現 PPP 多頭排列可以預測出趨勢穩定時**，趨勢有可能會超過 9 根 K 線持續到 17 根為止（似乎會超過 17 根的就數到 23 根為止）。這張線圖可以當作是其中之一。

所以我不會在第 9 根結清，而是繼續數 K 線，在第 17 根之前的陰線結清。或是在那之前似乎要跌到 1,800 日圓的關卡結清。**9 根還是 17 根或是數到 23 根為止，要如何判斷是靠經驗。**

不過，大家只要累積經驗就能學會如何判斷了。因此，在計算 9 根結清之後，也要繼續觀察下去。然後你漸漸就能發揮直覺知道「這樣的話會到第 17 根、這樣的話會到 23 根」。藉著累積過去的經驗慢慢懂得預測未來，直覺也會發揮作用。你慢慢會帶著足以看穿接下來局面的

自信去交易。

　　希望各位也可以使用超過 9 日的「17 日法則」。

　　以上是散彈槍法的實例，請大家反覆閱讀，把進場或結清的模式烙印在腦海裡。然後自己去找線圖來看，加深印象。接下來，就來講解短期交易吧。

07
短期交易
利用「部位操作」
閃避風險並瞄準利益！

■■■短期交易能比散彈槍法更早下單進場

習慣了散彈槍法，某種程度上能夠獲取經常性利益，接著就來挑戰短期交易。交易期間約 1 ～ 3 週。而散彈槍法有時候視局面而定，也會有變成持有一週的時候。所以**進場時本來是想用散彈槍法的，結果卻變成短期交易法的情況也很常見。**

其實，短期交易法的進場時機跟散彈槍法幾乎差不多，在散彈槍法中學會的技術，也能充分地發揮在短期交易中。只是，散彈槍法適合初學者，而短期交易則是適合往上進階一步的中級者。因為有了經驗與技術，**短期交易有時可以在更早的時間點就下單進場。**

那麼，除了交易期間之外還有什麼跟散彈槍法不同的嗎？在短期交易中，持股期間變長，甚至有時候會出現需要「部位操作」的局面。

還有，散彈槍法中會在幾乎可以預測最近 2 ～ 3 天價格變動的場面中進行，但是卻不知道接下來的變化。另一方面，在短期交易法中，接下來的變化也可以在某種程度

上一邊預測、一邊買賣布局。然而，由於比散彈槍法期間更長一些的緣故，中途有可能出現與預測不同的價格變動方向。

■■■也有為了避險所需的部位操作

在散彈槍法中，如果看準會上漲就只要買，看準會大跌就只要賣，做多或做空都不需要「部位操作」。**在短期交易法中，則會有必須避險的局面。**避險（hedge）的英語是指「籬笆圍牆」，衍生出「防禦」的意義（參照P131）。

所謂的避險交易，是為了防止買入之後的下跌造成損失、賣空之後的上漲造成損失而進行的逆向操作（買的話就賣、賣的話就買），也就是指「部位操作」。

交易期間變成 2 ～ 3 週的話，股價在大局中會有按照你預測的變動之時，也有與預測相反的時候。暫時的變動就沒有關係，但是也有就這樣往反方向前進的可能性。

變動與預測不同時，散彈槍法的情況下就是結清然後撤退。然而在短期交易中則是使用部位操作，一邊規避風險一邊繼續瞄準利益。完全就是**在既定的目標方向（上漲或下跌）狀態下**去獲取利益。

因此，散彈槍法的話是利用數次交易來賺取利益，而短期交易則往往是以一次交易來賺取利益。

當然，既然有規避風險的操作必要，**難度就會比散彈槍法要高。**請各位要經過散彈槍法的修練與經驗累積後，再去挑戰。

08
SUMCO
從散彈槍法入手，
再轉移到短期交易

■■初級者在安全範圍內下單進場

下頁的**線圖 1** 是 **SUMCO**（3436）的日 K。**B** 的 K 線對 5 日線是**下半身**。並且，在此之前原本在 5 日線之下的 K 線出現在 5 日線之上，因此是初級者也可以散彈槍法買入的局面。

只不過，20 日線在 5 日線上方，還不能完全斷言已經轉換為上升趨勢。因此如果隔天出了陽線，再隔天出了陰線的話就要結清。

■■若是中上級者，就要趁早進場

如果是已經習慣了散彈槍法累積了經驗的中上級者，就可以在 **B** 前一天的陽線 **A** 買入。根據就是從開始下跌後，K 線已經數到第 12 根。由於出現了陽線所以可以預測這是底部。

只是，這種情況下也是要在陰線賣出獲利，然後在 **C** 點再度下單買入。在 **C** 點可以買的理由是因為儘管前一天出了陰線，但是在 20 日線上方出了陽線，5 日線似

線圖 1 SUMCO 的日 K

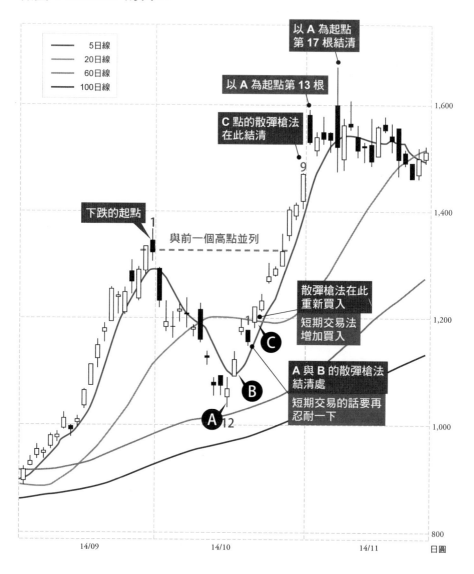

以 A 為起點
第 17 根結清

以 A 為起點第 13 根

C 點的散彈槍法
在此結清

5日線
20日線
60日線
100日線

1,600

9

下跌的起點

1

與前一個高點並列

1,400

散彈槍法在此
重新買入

短期交易法
增加買入

1,200

A 與 B 的散彈槍法
結清處

短期交易的話要再
忍耐一下

A 12

1,000

800

14/09　　　　　　　14/10　　　　　　　14/11　　　　　日圓

乎就要越過 20 日線了。還有，它在前一天與大前天的 K 線的更上方變動。甚至可以推測 **PPP** 的多頭排列（參照 P160）就要完成。

假設在 **C** 點進場的話，要在哪裡結清呢？如果答不出來，就再重新讀一次技術篇的散彈槍法。在這個局面由於是上升趨勢，所以可以使用「**9 日法則**」和「**17 日法則**」（參照 P103 散彈槍法的 SUMCO）。

如果是初級者，利用散彈槍法規避風險，從上漲的起點開始數到第 9 根 K 線賣出獲利。

■■短期交易就是要忍住不賣掉

剛剛我們說過散彈槍法跟短期交易法進場的點是一樣的。那麼短期交易的情況下，要怎麼進場呢？進場的點在 **A**。散彈槍法會在陰線的時候結清，但是短期交易法就要忍耐一下。

即使是陰線，K 線仍然在 5 日線之上，因此也有可能是暫時的拉回。中高級者由過去的經驗，有能力預測出局面，加上強韌的心理素質，因此等待就不會那麼痛苦了。

■■增加買入以「17 日法則」結清獲利

確認在 **C** 點的上漲之後，就增加買入。之後，移動平均線呈現 PPP 多頭排列了，可判斷為強勢上漲。這是可以使用「**17 日法則**」結清的局面。

上漲的起點是 **A**，把這根陽線當成 1 來計算 K 線吧。於是在第 13 根為陰線，之後陽線與陰線並列，在第

17 根呈現長長的上影線與下影線。判斷此處已經接近天花板，所以結清獲利。

■■■短期交易時與其迴避，不如面對挑戰

即使進場點相同，散彈槍法與短期交易也是採用不同戰略。散彈槍法是規避風險，採取不冒險的態度為佳。然而在短期交易法則要採取主動進擊的態度。

我建議初級者還是要先決定採取散彈槍法或是短期交易法之後再進場。然後，**如果決定使用散彈槍法進場，察覺到風險時就結清收手。**

累積了經驗磨練出技術之後，原本是打算用散彈槍法交易，但是看到移動平均線的排列方式、股價的變動情況後，就會懂得思考以短期交易法可以獲利更多。

事先決定好要用散彈槍法還是短期交易法來作戰是最好的，但是也會出現需視狀況變更作戰方式的場面。

散彈槍法中在進場時要等待，而短期交易則是結清時要等待，才能獲取更大的利益。

09
SUMCO
利用多頭避險，
同時增加賣出的技巧

■■■最初是看準散彈槍法賣出的單

請看次頁 **SUMCO** 的**線圖 2**。在 **A 點**以後是可以用賣空獲利的局面，**A 點**的前一天雖然是陰線但是股價在 5 日線之上。不過，開盤價比前一天高，高於 5 日線但收盤卻掉到比 5 日線、20 日線還要低。60 日線、100 日線同時向下，原本有點往上走的 20 日線也變成向下了。在這裡可以想成是**從持平往下跌趨勢轉換**了。

首先，**用散彈槍法布局賣出**。隔天又是陰線了。移動平均線由上到下是 100 日線、60 日線、20 日線、5 日線的排列，這是反 PPP 的空頭排列。判斷是下跌趨勢。

結清可以用「**9 日法則**」。下跌的起點是 A。把這裡當作 1 來計算 9 根後是陽線，因此在這裡結清。第 6 根雖然也是出現陽線，但是這根陽線我們就暫且觀望。在這裡是出現整齊的反 PPP 空頭排列，因此認為是有力道的下跌，就數到第 9 根為止。

然後確認了分歧後，在 **B 的陰線再度賣空**，結清還是依照「**9 日法則**」。下跌的起點是 B 點前面兩天的陰線

線圖 2 SUMCO 的日 K

2，因此把這一點當作 1 開始數 9 根吧。第 9 根出現了陽線。依散彈槍法，就在這裡結清吧。

接著，解說適合中級者的短期交易法。

■■■用增加賣出與多頭避險來累積拉高利益

短期交易也是在 **A** 點布局賣單。成為中高級者後，會在 **A** 之前的持平處就開始建立部位操作增加賣出逐步布局（參照下圖）。在這裡，初級者會在安全的地方（下半身或反下半身）進場。另一方面，中高級者的話會用操作部位跟增加賣單的方法，來到 **A** 的賣點。初級者只要想像成為中高級者的話，就是做這種交易就可以了。

「1-0」的「1」就是指買賣的單位。買賣多少單位

A 點之前的部位操作

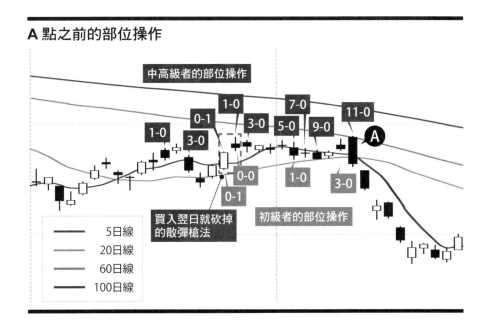

中高級者的部位操作

1-0　0-1　1-0　3-0　7-0　11-0
1-0　3-0　　　5-0　9-0　　Ⓐ
　　　0-0　　　1-0
　　　0-1　　　3-0

買入翌日就砍掉
的散彈槍法

初級者的部位操作

——	5日線
——	20日線
——	60日線
——	100日線

因人而異，各有不同。有買賣單位是 100 股、1,000 股的人，也有人資金充裕，單位是 5,000 股（散戶投資人可以下單的賣空單位規定是在 5,000 股以內）。「1-0」就是指空方「1」單位，多方「0」單位的意思。按照先賣再買的順序，先記錄賣方部位。

反 PPP 空頭排列已經完成了，所以判斷為下跌趨勢逐步增加賣單吧。不過，在 2,000 日圓關卡時，就暫時等著不賣。然而，在 1 的地方 5 日線稍微往上，出現了下半身。持有空方部位反而有些危險。

那該怎麼辦呢？**空方部位保持不變，然後買入避險。**不把空方部位砍掉，是因為反 PPP 的空頭排列仍持續，下半身出現，預測之後 5 日線即使上升，碰到 20 日線會彈回再度下跌。5 日線緊貼著 20 日線，再度下跌變成「分歧」的可能性也進入視野當中。

中高級者在此處就維持著多方避險，**再逐漸增加空方部位。**賣空是在更高的地方布局才能提高利益。因此，這個上漲與其說是可怕，不如說是令人感到開心的上漲。

股價上升時預測會下跌，逐漸增加空方部位這叫做「逢高賣空」，這裡完全就是逢高賣空的局面。已經賣空了，卻說上漲「很快樂！」、「再漲高一點！」這在初級者看來會覺得詭異呢。希望大家也能夠每天累積經驗，早日體會這種感覺吧。

■砍掉多頭避險的方法
在 1 布局的避險多方部位要在 2 的地方結清。理由

是股價沒有來到 20 日線之上，在 2 之前出現「陰線─陽線─陰線」，以陰線結束。P103 已經提過，在上升局面中出現「陽線─陰線─陽線」時，大多會進一步上漲。

另一方面，當下跌局面出現「陰線─陽線─陰線」時，進一步下跌的情況居多。暫時的小停歇以中間的「陽線」來表示。在 14 點半的時間點，幾乎可確認是陰線的時候，就砍掉多方部位。或是在第二天早上開盤（開始交易時）時操作也是可以。之後在 **B 點**確認下跌之後，就進一步增加空方部位。

關於結清，在散彈槍法中依「9 日法則」出現陽線就結清，但是**這個陽線還在 5 日線之下，等待後判斷有獲利的可能**。至於要延後到什麼時候，是下一根陰線嗎？還是到再下一次有上影的陽線吧。

這個理由就是 **1,500 日圓的關卡**。預測到了整數關卡 1,500 日圓下跌就暫時告一段落的可能性，然後結清獲利。

■■■散彈槍法的一連串流程變成短期交易

在短期交易中，在第一次下跌與第二次下跌的途中雖然做了多頭避險，但是也有選擇不避險，在下跌途中忍耐等待上漲的方法。只是，以日 K 看第八日前後的上漲不避險，一直忍耐著旁觀，在精神上或許會很痛苦。

在精神面上很辛苦，但是技術上又跟不上多頭避險的人，在第一次的下跌就用散彈槍法，第二次的下跌也用散彈槍法，這樣每一次都結清是比較保險的做法。

把第一次的下跌、第二次的下跌，這種**散彈槍組合**

（在中途同時實施多頭避險）的一連串流程都能夠學會的話，就是短期交易法了。

　　因此，使用短期交易法的前提就是學會散彈槍法。

10

SUMCO

利用「部位操作」
進攻多頭空頭

■■■以賣空布局，加入多頭避險

接著也是 SUMCO 的線圖。下圖是上升趨勢持續的局面。移動平均線是 PPP 的排列，5 日線接近 20 日線也沒有掉到 20 日線之下，發生好幾次「分歧」，同時上升。

反覆「分歧」同時往上升

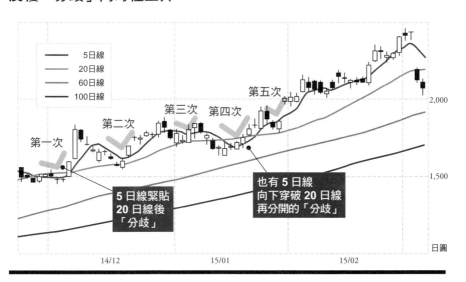

5 日線

20 日線

60 日線

100 日線

第一次

第二次

第三次

第四次

第五次

2,000

1,500

5 日線緊貼
20 日線後
「分歧」

也有 5 日線
向下穿破 20 日線
再分開的「分歧」

日圓

14/12   15/01   15/02

然而第六次的「分歧」（參照 P119），出現陰線的 K 線來到 5 日線之下或是更進一步超過 20 日線，K 線往下掉了。到此已經持續上漲 3 個月以上。是可以預測到「差不多該轉為下跌趨勢了吧？」的局面。

■■■ 適合初級者的進場點

　　接下來我將適合初級者與中高級者的進場點分開解說。首先從適合初級者的方法開始講解。請看次頁的線圖，這張圖是接續前一頁「分歧」的後續線圖。

　　預測會下跌，試著做空頭布局。1 的部位是「1-0」。然後，隔天也是陰線。在這裡要不要增加空方部位，可以這樣思考「**移動平均線顯示出 PPP 的多頭排列。然後有 2,000 日圓的關卡在。2,000 日圓的整數股價在這裡變成底部，再度上升的可能性並不是沒有。在這個陰線的地方什麼也不要做，應該要等待**」。

　　於是，在 2 出了陽線。在這個時間點 5 日線還沒有降到 20 日線之下，因此或許有可能上升。空方部位就維持不變，加入多頭避險變成「1-1」。

　　空頭部位不結清，加入避險是因為急跌之後出了兩根陰線。開始上漲之後到這裡為止，5 日線、20 日線之下的 K 線都還沒有出現過連續兩根陰線的局面。因此**看到這兩根陰線，就會想「走弱了」**。因此即使出現陽線，還是繼續進行空頭布局。不結清，但加入多頭避險。

　　次日也是陽線 3。雖不能說是下半身，但是 K 線的頭有一點點突出在移動平均線上，因此追加多頭避險變成

SUMCO 適合初級者的進場點

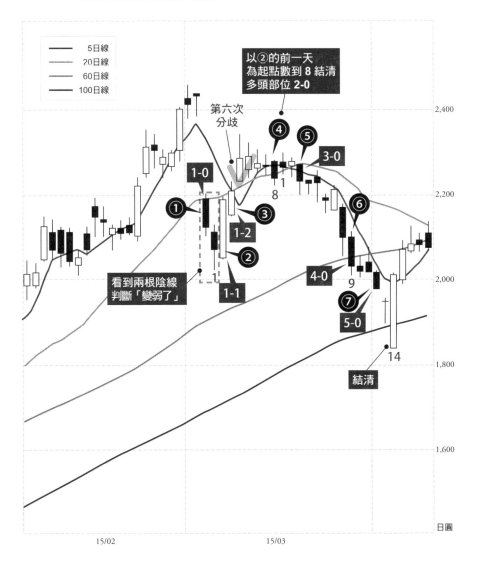

「1-2」。即便如此因為5日線是向下的，所以空頭部位仍然不變。

如果就這樣漲上去，就算把空單結清部位也是「1-2」多頭部位較多，結清還可以賺一點。

■■■ 確認下跌趨勢後，增加空單進攻

在4出現了陰線實體突出到5日線之下的「反下半身」。預測進入下跌趨勢了，因此增加空頭部位。那麼，避險買入的多頭部位怎麼辦呢？

上漲的起點是2的前一天，從這裡數一下K線的根數。於是知道4是第8根而且是陰線，還是反下半身。這時多頭部位可以結清了。增加了空方砍掉多方，因此部位變成「2-0」了。

在5也出現了反下半身。再進一步追加空方部位。變成「3-0」。20日線下有5日線，K線又在它們下面的位置，判斷這是可以賣空進攻的局面了。雖然如此，如果出現陽線還是會有點擔心。

在6的前一天持續出現了陽線。增加空方，部位變成「4-0」。

從下跌的起點4的隔天，方塊似的小陰線開始算起第9根出現了陰線6。按照「9日法則」在這裡要結清，但是20日線與5日線的間隔變大了。這樣的話下跌似乎還會持續。

要結清再等一下吧，然後隔天如出現了陰線，就可能要再增加賣空。

在這個局面中我希望各位要注意 **2,000 日圓的關卡**，關卡有可能成為底部。相反的，如果破了 2,000 日圓那就有可能進一步下跌。

在 7 破了 2,000 日圓，追加賣出。部位變成「**5-0**」。隔天出現十字線，再隔天是大陽線。這根陽線是開始下跌後的第 14 根 K，所以結清吧。

接著，講解適合中高級者的進場點吧。

▓▓▓ 中高級者的進場點

請看 P122 的線圖。中高級者也是從 1 開始進場賣空，1 的部位是「**1-0**」，這點跟初級者是一樣的。

那看到 1 的下一根陰線，初級者雖然不會出手，但是中高級者則是**增加賣空變成「3-0」**。比起停在 2,000 日圓的關卡，更重要的是看到兩根陰線預測「走弱」。

於是在 2 出現了陽線。雖然是讓人心驚的局面，但是還是忍耐著不放掉空方部位。

隔天也是陽線 3。雖然不能說是「下半身」，不過 K 線的頭部稍稍突出到移動平均線上，**因此買入做多頭避險變成「3-1」**。更進一步向上穿出了 5 日線，出現了下半身，因此追加買入避險**「3-3」**。

在 4 之前出現了「**十字線**」的 **K** 線。「十字線」形成的條件是開盤價與收盤價幾乎相同，上影線與下影線也差不多一樣長。也就是說**無論賣或買的兩方呈現勢均力敵的狀態**。

一旦出現十字線，下次的對峙力量就會朝某一個方向

SUMCO 中高級者的進場點

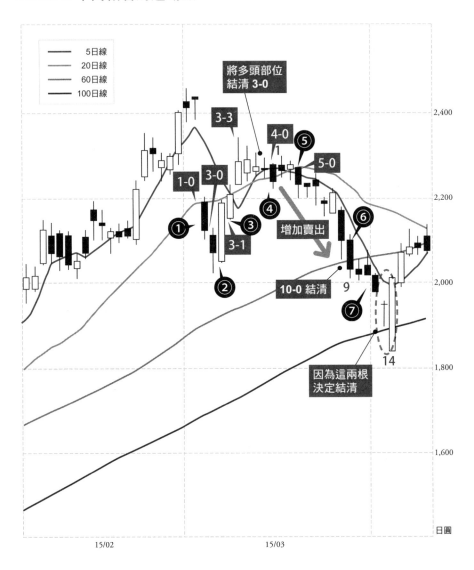

圖例：
- 5日線
- 20日線
- 60日線
- 100日線

將多頭部位
結清 3-0

3-3

4-0

⑤

5-0

1-0

3-0

①

3-1

②

③

④

增加賣出

⑤

⑥

10-0 結清

9

⑦

14

因為這兩根
決定結清

2,400

2,200

2,000

1,800

1,600

日圓

15/02

15/03

傾斜，也被稱為是行情的轉換點。在我的經驗上也是，如果過去一直是上升狀態，大多就是轉為下跌的轉換點。考慮是轉換為往下跌，所以放掉多頭避險的部位，把多方部位清掉，部位就變成「3-0」。

■ 確認下跌趨勢後，以增加賣出進攻

在 4 出現了「反下半身」。預測進入下跌趨勢，中高級者也會增加賣出。部位變成「4-0」。

在 5 也出現反下半身。進一步追加賣出，變成「5-0」。20 日線之下有 5 日線，K 線的位置還在下面，是可以做空進攻的局面。並且，越能看清後市，就越能追加做空，所以中高級者隨著確認可以賣出的根據會逐步追加。例如在 6 之前的陰線也是「陰線—陽線—陰線」的排列，因此應該可以追加（參照 P115）。

在 6 出了陰線。持續增加賣出到現在部位是「10-0」。6 是開始下跌之後的第 9 根。由於 2,000 日圓關卡等在那裡，是要在這裡結清，或是在**越過 7 的關卡 2,000 日圓的下一根十字線，又或是抱著等到再下一根大陽線**再結清。

中高級者會在已經結清的**大陽線處買入，接著布局瞄準上漲交易**。還有，初級者在第 14 根的下一根陽線，確認超過 2,000 日圓的下半身出現之後能夠買入即可。

■ 害怕「增加賣出」的人，就回頭用散彈槍法

雖然要像目前為止說明的「增加賣出」，但是並不容

易辦到。要能在第 9 根 K 線以後增加賣出，需要相當的交易經驗才辦得到。

現實是初級者「因為害怕而無法增加賣出」。這樣也沒關係，技術並非一朝一夕可以學得，是在經驗與練習中累積學會的。害怕「增加賣出」的人，我會建議你回到散彈槍法或是第 1 章的技術篇，勤於複習並練習。

11

CyberAgent

在下跌局面的「分歧」布局賣空

■■■初級者也要預測移動平均線的空頭排列

在第 1 章（P30）也介紹過 **CyberAgent**（4751）。位在 100 日線之上的 K 線好像要到下面的位置來了，預測是即將進入下跌趨勢的場面。那麼，要怎麼交易呢？我將分別以適合初級者與適合中高級者的做法來解說。

首先是從適合初級者的進場開始介紹。看一下 P126 的線圖，會發現目前的變動是在 5 日線往下穿破 20 日線後，再度接近 20 日線的情況。在 **A** 點出現了「分歧」。在不只是穿破 5 日線，也向下穿破 100 日線狀態下的「反下半身」陰線處賣出（**1-0**）。

隔天出了陽線，你也許會擔心，但是 K 線在 100 日線之下。在這裡要忍耐一下。再次日，出了陰線，於是追加賣出（**2-0**）。或是賣在第二天早上的開盤也可以。移動平均線由上到下的排列是 100 日線、20 日線、5 日線「反 PPP」空頭排列出現了。接近 4,000 日圓關卡，是持平的局面。

初級者在持平局面時不要買也不要賣，什麼都不要

CyberAgent 適合初級者的進場

5日線
20日線
100日線

A 1-0
2-0
B 3-0
分歧
分歧
4-0

4,500

4,000

3,500

日圓

3,500 日圓的關卡
在陽線時結清

19/09   19/10   19/11   19/12

做。於是來到 **B** 的分歧了。對 5 日線出了反下半身。移動平均線的位置也是 100 日線、20 日線、5 日線，K 線在這些均線的下面，這是反 PPP 排列。

這一天收盤的下午兩點半時，形成了這個形式，所以是可以追加賣出的時點（**3-0**）。或是賣在隔天早上的開盤時也 OK。

B 點的隔天急跌了。這個健康的反下半身我們也要賣（**4-0**）。這個急跌的原因，似乎是與在 10 月 30 日舉行的 2019 年 9 月期發表合併結算有關。19 年 9 月期的合併經常利益雖然跟前期比起來增加了 6.7％，成長了 304 億日圓，但是預估在 20 年 9 月期卻會比前期減少 1.6％，減到 300 億日圓。也許是因為這樣惹人厭了吧。不過這類基本面的情報，對於相場式交易法來說完全不重要。

那麼，要在哪裡結清呢？考慮到在 **3,500 日圓的關卡轉換趨勢**的可能性，要在這個股價關卡的陽線處獲利。初級者的情況也是，預測出移動平均線的空頭排列後進場，形成空頭排列後逐步追加賣空。

▉▉中高級者的進場要更早

那麼中高級者的話，要在哪裡進場呢？下頁的線圖如果是我的話，1 的陰線貼近 20 日線的地方，會抱著姑且一試的心態賣出（**1-0**）。在隔天 2 的陰線也追加賣出（**3-0**）。

中級者則在 2 的反下半身處賣出（**1-0**）隔天，在 **A** 點健康的反下半身處追加賣出即可（**3-0**）。高階者在中

127

CyberAgent 適合中高級者的進場

5日線
20日線
100日線

高級者 1-0
❶
❷
高級者 3-0
中級者 1-0
中級者 3-0
Ⓐ
賣出
分歧
增加賣出
分歧
賣出
3,500 日圓的關卡
在陽線時結清

4,500

4,000

3,500

日圓

19/09   19/10   19/11   19/12

級班進場的點也同樣追加賣出。

接著在 **A** 之後的持平局面也是跟初級者不同,是再追加賣出。因為成為中高級者後,預測的精準度增加,更容易看出後來的局面。

在這裡介紹一下中高級者的想法,「**移動平均線的排列由上到下已經變成了 100 日線、20 日線、5 日線的排列了。所以 5 日線貼近 20 日線後又分開的『分歧』有可能再出現。A 的陰線與次日的陽線,以及再下一根的陰線最下方(K 線實體)連成的一條線如果沒有大幅超過的話,就繼續賣。以這個走向如果破了 4,000 日圓的股價關卡,很可能再加速下跌。好,就追加賣出吧。**」

以幾個「**如果那樣**」(例如,「移動平均線如果這樣排列」、「如果形成分歧」或「如果超過關卡」)為基礎,來做出「**就會這樣**」(會下跌所以賣)的結論。

然後說到要賣出獲利的點,就跟初級者相同。考量到 3,500 日圓的股價關卡將會轉換趨勢,在關卡的陽線處結清較好。

■ 「以為自己都懂」是最危險的

以上就是短期交易的內容了,是不是有點難呢?**如果有不理解的地方,就一定要再回到第 1 章的技術篇去確認**,然後反覆閱讀深入理解。最怕的就是以為自己都懂了。以為懂了其實和不懂是一樣的,實際交易後有可能錯誤判斷造成損失。

短期交易上必要的「部位操作」並不容易。或許有人

會覺得很難，但是不要緊。即使現在覺得很難，只要慢慢練習就做得到。

　　想像自己能自由自在地操作部位，在任何局面都能獲利，變成專家級的操盤手吧。練習就會變得很有樂趣。

　　那麼從下一頁開始，我們更進一步來講解適合高階者的「波段操作」（長期投資）技術吧！

12
補充

加上利用避險
抑制損失的「保險」

■■■不知道會往上或往下的局面中使用的技術

雖然已經說明過在短期交易的實例中，作為避險用的「買入」，但是視局面而定也有用「賣空」來避險的時候。在這裡解說一下有關空頭避險的方法。

原本所謂的避險，就是當股價往你原本看準的趨勢（上漲或下跌）相反的方向變動時所使用的技術。作為避險的買入，是看準了下跌而持有空方部位但是股價卻上升時的解決對策。

「這個股價的上升可能是一時的。這樣的話結清還太早。趨勢有可能真的是往上漲。所以如果就這樣持有空方部位也有風險，怎麼辦？」

破解這種投資者的煩惱或是買賣難局的最佳對策就是避險。

另一方面，判斷股價將上漲，持有多方部位的局面中股價卻下跌時。這種時候也是，不將手中的多方部位結清而是再放一會兒。然而這個下跌也有可能不是暫時的，而是直接進入下跌趨勢。

為了以備預料之外的下跌趨勢，即使賣空仍持有股票就是「避險的賣空」。說起來請你想成就像是保險一樣。是暫時的下跌，還是轉換成下跌趨勢，如果你對自己的判斷感到猶豫，就不要放掉多方部位，用賣空來避險。

　　空頭避險的例子，就用下圖來解說吧。在 **A** 點判斷為上升趨勢因此買入 300 股。部位是「**0-3**」。然而在上漲後卻下跌。這個下跌感覺像是該為了獲利而賣出，又像是暫時性下跌。雖說如此，或許真的會轉換成下跌趨勢。要把手上的部位結清，還是無視這個下跌呢？真是個困難的局面。

　　這時候就是利用賣空來避險。多頭部位仍維持，在 **B** 點賣空 300 股。部位變成「**3-3**」。這樣的話，即使轉換

避險的賣空

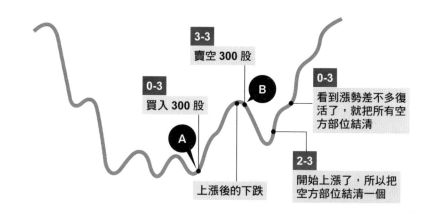

成下跌趨勢，也不會造成大損失。例如在那之後如果又開始上漲了，只要把空方部位結清就好。由於已經開始上漲了，部位結清就變成「**2-3**」。看到漲勢差不多復活了，就把所有賣空的都結清變成「**0-3**」。這就是用來避險的賣空。

13

波段操作

不管漲跌都能賺的
投資法

■■■ 用股票大師的方法，累積更多資產

　　股價是反覆的上上下下，這個變動從長期線圖看起來，宛如大海中的波浪起伏一樣。有一種利用這樣的波浪起伏來獲利的手法就稱為「波段操作」。

　　股價的變動擁有以 3 個月為週期的習性。由於是利用這個漲跌，因此交易期間就是從 3 個月到半年。交易中是追著一檔個股的股價，在操作部位的同時反覆買賣而增加獲利。

　　預測股價的變動，利用擁有的技術來操作波段，可說是充分品嘗了投資的絕妙滋味。這個起源是來自江戶時代的米市場，但是被稱為股票大師的人幾乎都是靠波段操作來建立財富的。

　　以住友金屬礦山的股票獲取 200 億日圓利益，被稱為「最後的股票大師」的是川銀藏（1897 ～ 1992），也是運用波段操作的投資手法。

■■交易中活用月 K 線圖

波段操作的投資對象要盡量選擇上下週期清晰分明的個股比較好。**用月 K 線圖看長期趨勢，確認數年間的高點、低點。**股價在高點與低點之間，也就是所謂的箱型區中上上下下的個股可以說是較為合適。

看 100 週、100 個月這種長期移動平均線，傾斜度較為平緩且接近平坦的就可以判斷是箱型區。然後在開始交易前要看月 K，看看在大趨勢中現在的股價是在底部，還是在天花板圈，這個也很重要。

即使看日 K 認為是在底部，看週 K 就會知道還有更低的底部，看月 K 也可以預測出會再進一步下跌。

■■部位操作與資金也是必要的

在波段操作中股價的上下一切都是投資對象，因此必須要有部位操作。做多的話只做多頭部位也是可以的，但是長期間的股價變動中會有上漲的時候也會有大幅下跌的局面。

不做避險光是做多的交易在精神上會很辛苦，如果忍耐不了就結清了，結果後來回到上升趨勢等等，這樣的事情都有可能發生。

無論在任何局面，為了在某種程度上以冷靜的精神狀態交易，還是多空兩方都布局比較好。

波段操作是在持有多方部位的情況下，也做空頭，利用增加賣出、增加買入的方式來增加部位的投資法。因此，資金多比較好交易，也可以期待收益。像散彈槍法

那樣，資金 30 萬日圓就會覺得有點不安心吧。無法準備 100 萬日圓以上資金的人，還是請你用**散彈槍法跟短期交易法賺到錢後再挑戰波段操作**。

　　要做波段操作術，只有半吊子的技術是行不通的。不過如果紮實地學好交易技術加以練習的話，你就一定做得到！想像自己成為專業級的交易員，好好用功吧。

　　我相信即使是投資初級者也會對波段操作術有興趣，很想嘗試看看。因此，首先就從簡單的高點跟低點的箱型區，要在哪裡布局買賣談起吧。

14

千葉銀行

可在高點 1,000 日圓、低點 500 日圓的箱型區裡交易

■■■用數年為單位的月 K 線圖，確認高低點

下面的線圖是**千葉銀行**（8331）從 2000 年到 2019 年
為止的月 K 線圖。這期間中的高點為 1,200 日圓，低點約
為 400 日圓。如果要操作波段，就不是取數週期間或數個

千葉銀行的月 K 線圖

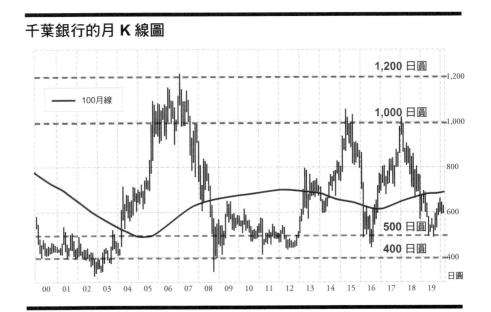

月間的高點或低點，而是**確認數年間的高低點**。

從這張線圖中看到，股價在高點 1,000 日圓與低點 500 日圓之間變動。因此我們將股價看成在 1,000 日圓與 500 日圓的箱型區中變動即可。長期間的箱型區中可認為 500 日圓是低點。因此如果股價到了 500 多日圓就可以某種程度上安心地布局多單。

高點是 1,000 日圓。以月 K 來看從 2015 年開始就持續下跌。

▰▰ 在 1,000 日圓持續下跌的理由

說到持續下跌的理由，是因為在 **A** 點買入的人跟在 **B** 點買入的人，都為了獲利而賣出了。投資人當中也有

容易獲利的 1,000 日圓關卡

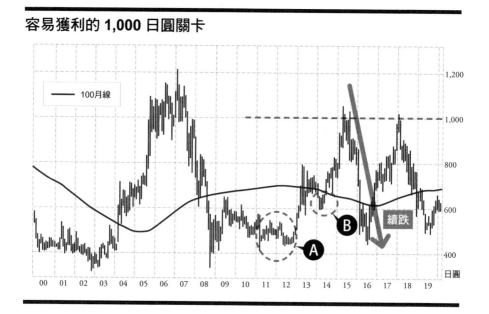

人買入股票持有 5 年，也有在 **A 點**買入但並不會立刻賣出，而是選擇 800 日圓才賣。

在 **A 點**買入的人當中買了不賣繼續持有的人，以及在 B 點買入的人這兩者，都在 1,000 日圓這個整數關卡開始結清，可以想像賣單增加造成持續下跌。

■■■ 從不同價格帶的成交量，得知投資人的反應

此外，確認不同價格帶的成交量（一般來說是用線圖軟體上在股價旁以柱狀圖表示），1,000 日圓以上就變少了。成交量越多的價格帶股價越容易反應，相反的，可以預測在 **1,000 日圓**以上買入的投資人很少。

股價是依據供需上下變動。想買的人如果變少了，股

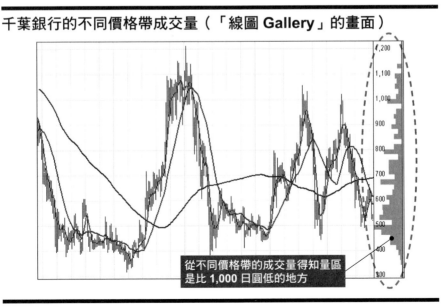

千葉銀行的不同價格帶成交量（「線圖 Gallery」的畫面）

從不同價格帶的成交量得知量區是比 **1,000 日圓**低的地方

價就會下跌。是可以布局賣空的局面。因此當股價接近 1,000 日圓時，就逐步增加空方部位。

　　就波段操作來說，可以擬定在 500 日圓價格帶到 600 日圓價格帶布局買入，隨著接近 **1,000 日圓時賣出**，同時開始布局空方部位的計畫。

15

Sony

不適合做波段操作的
線圖實例

■■■ 很難確認高低點的就是瓶頸

接著舉出一些不是很適合做波段操作的個股線圖。例如 **Sony**（6758）。

請看 P142 的月 K 線圖，過去曾來到超過 16,000 日圓的高點。2019 年即使到高點也在 8,000 日圓以下，但要超過這個價格繼續上漲的可能性，從過去的實績看來並非不可能。

將多方部位於接近 8,000 日圓的地方賣出，開始做空之後，從這裡開始高漲，結果造成大損失。2012 年股價雖然跌破了 1,000 日圓，但是後來的 8 年內都未曾來到這個水準的低點。基本上就是一路上漲。也就是說，這是一檔難以確認高點與低點的個股。

像 Sony 這樣有急漲的可能性，**難以確認箱型區的個股**，到底要在哪裡進場要在哪裡結清，要如何操作部位，是很難判斷的，所以不適合波段操作（除了交易高段者以外）。

Sony 的月 K 線圖

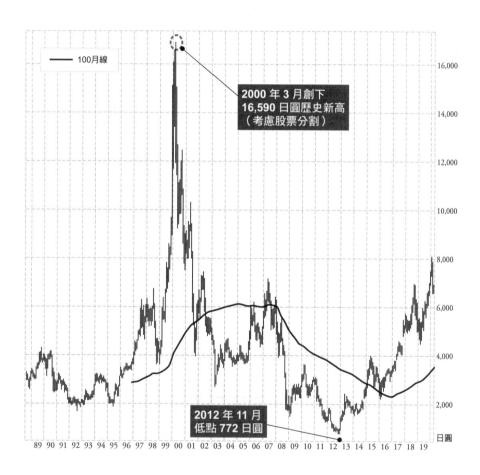

100月線

2000 年 3 月創下
16,590 日圓歷史新高
（考慮股票分割）

2012 年 11 月
低點 772 日圓

日圓

16,000

14,000

12,000

10,000

8,000

6,000

4,000

2,000

89 90 91 92 93 94 95 96 97 98 99 00 01 02 03 04 05 06 07 08 09 10 11 12 13 14 15 16 17 18 19

　　到此為止，大家應該掌握波段操作的方法了吧。為了讓這個方法再更清楚一點，我們就用不動產服務業的「ICHIGO」線圖來說明。

16
ICHIGO
可在高點 500 日圓、低點 300 日圓的箱型區內交易

■■■確認低點再逐步布局多頭部位

ICHIGO（2337）是一家以不動產再生事業與 REIT 運用管理、太陽能等發電事業為主力的企業。公司名稱的由來是「一期一會」（ICHIGO ICHIE）這個成語。

首先我們先看下一頁的月 K 線，確認高低點。看了之後，把你想到的事情列舉出來吧。

「價格變動都在 500 日圓與 300 日圓之間。」

「高點是 500 日圓或 550 日圓，看實體 K 線的話是 500 日圓，低點大約是 300 日圓。」

「碰到高價後下跌了半年。是上漲一年，下跌半年嗎？」

如何呢？是不是好像可以做波段操作？

接著來看週 K 線圖吧。週 K 也是低點 300 日圓，高點約 500 日圓左右。確認了花一年時間上漲。

看起來在 **A 點**（2018 年 12 月）之前會接近 300 日

線圖 1 ICHIGO 的月 K

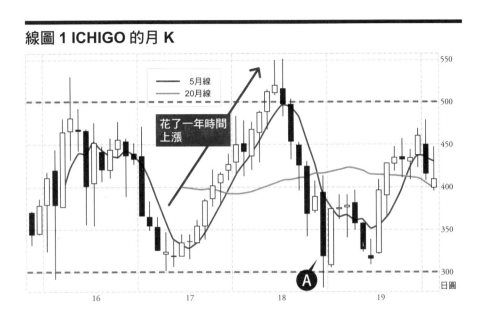

線圖 2 ICHIGO 的週 K

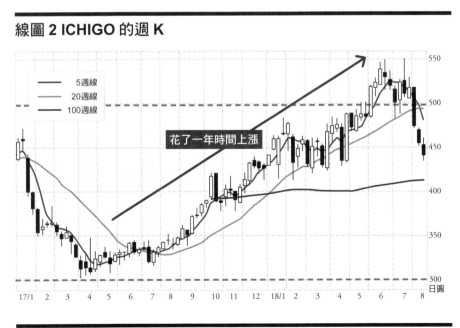

圓，判斷到時似乎可以做多來波段操作。接近 300 日圓後，一點一點地進貨買入多方部位。股價的變動沒有絕對。每一天都要一面確認股價，少量分批進貨。

看月 K 線判斷 300 日圓左右是底部，因此在跌到 300 日圓之前就開始逐步買入。然後從 2018 年 12 月開始，股價在 300 日圓附近的底部動起來了（P147 的**線圖 3**）。

從 12 月起開盤跟收盤都在 350 日圓以下經過 3 個星期，在這個期間當中收集多方部位。2 月以後變成了持平局面。

P148 的日 K（**線圖 4**）也是很難預測股價的局面。而且沒有突破 400 日圓的高點。這時候該怎麼辦呢？我建議**暫時結清**。

脫離持平局面後下跌了。從月 K 跟週 K 都能預測出 300 日圓是底部。在這裡再次在 350 日圓以下買入。

之後，在 2019 年 7 月以後因為高點突破了 400 日圓，所以就直接續抱多頭部位（**線圖 3**）。

P148 的**線圖 5**，股價在 2020 年 1 月 20 日碰到了 479 日圓。用日 K 看的話是陰線，之後並沒有突破 479 日圓，1 月 23 日開盤是 465 日圓，低點是 458 日圓，收盤以 460 日圓的陰線作收。

考量到 500 日圓前後是上限，因此在這附近開始把買入的部位逐漸結清。例如，買進的部位有 5,000 股的話，先賣 500 股，接著賣 1,000 股這樣的程度。進貨跟出貨都分批進行。

線圖 3 ICHIGO 的週 K

線圖 4 ICHIGO 的日 K

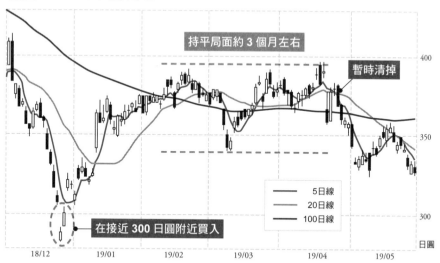

持平局面約 3 個月左右

暫時清掉

5日線
20日線
100日線

400

350

300

在接近 300 日圓附近買入

日圓

18/12　19/01　19/02　19/03　19/04　19/05

線圖 5 ICHIGO 的日 K

1/20 高點 479 日圓
收盤 470 日圓

1/23 收盤 460 日圓
結清

進場賣空

增加賣出

450

400

從 2019 年 6 月起
在 330 日圓附近買入

5日線
20日線
100日線

350

日圓

19/11　19/12　20/01　20/02

■■同時碰到高點後繼續賣

就像可以用做多的方式波段操作，ICHIGO 也可以用做空的方式波段操作。因為高點是 500 日圓，因此接近高點的話就賣。從 400 日圓左右開始賣，就算漲上去也賣，這就是所謂「逢高賣空」。不過，這對初級者來說我想是非常恐怖的事。

P114 也提過，高段者為了賣空獲取利益，會希望漲得更高一點。對初級者來說是過於刺激。如果是初級者就沒有必要特地去進行風險高的交易。

在 500 日圓前後轉換成下跌的話，預測會有持續半年期間的下跌趨勢。在這裡布局賣空即可。因為低點是在 300 日圓前後，所以在 300 日圓附近就逐步結清。

■■若有技術與資金數個月就有成效

像 ICHIGO 這樣容易發現高點與低點、波段週期的個股，是初級者很容易挑戰波段操作，高階者容易獲利的個股。成為資金豐富的專業投資者後，一天之內可以買入數千、數萬股，最終可以持有數十萬股。

那麼 ICHIGO 在 2020 年 1 月來到了高點 479 日圓（P148 的**線圖 5**）。假設從 2019 年 6 月起花了 5 週，以**平均單價 330 日圓買入 3 萬股，超過 400 日圓後逐步賣出**。以平均價格 450 日圓全部結清的話，7 個月期間的利益會是多少呢？

（450 日圓－330 日圓）×3 萬股＝ 360 萬日圓

用 7 個月獲得 360 萬日圓的利益，因此如果是月收入

則超過 50 萬日圓。

　　各位好好練習的話，用波段操作獲得月收入 50 萬日圓，甚至超過 100 萬日圓都不是夢。是否激發了學習意願了呢！

　　接著要講解的是適合高段班的逢高賣空。這是昭和時代初期的股票大師經常使用的手法。

17

日本水產

上漲時就看準下次的下跌布局空單的「逢高賣空」

■■■ 用月 K 確認高點與低點

日本水產（1332）的高點是在 2007 年的 800 多日圓，然後 2019 年也達到 800 多日圓。股價以 800 日圓為頂點，畫出了美麗的波浪形。高點 800 日圓，低點 200 日

日本水產的月 K 線圖

圓之間，是花了 4 年的上升趨勢，2 年的下跌趨勢。

　　股價接近高點的 800 日圓時，就是布局逢高賣空的好機會。來試試看吧。

■■■股價上漲時階段性的布局賣空

　　假設現在股價 650 日圓，趕快做空單賣出。而且還要隨著股價上漲逐步增加賣出的股數。另一方面在隨著上漲逢高賣空的途中也要做「買入」，避險的同時也獲利。

　　以下圖為例，從 650 日圓到 800 日圓為止我們階段性的逐步賣出。看了月 K 線圖後首先就判斷出應該不會超過 800 日圓，因此就算股價上漲也不害怕。

　　我想初學者對於賣空之後的股價上漲，就算是只有

股價上升逐漸增加賣出

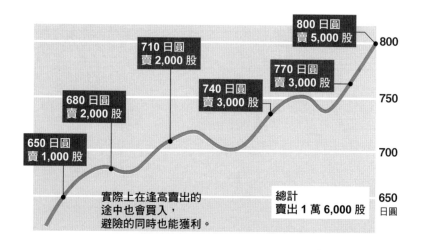

1,000 股也會覺得心情不好。**然而來到高級班之後，對於負數逐漸增加卻會充滿歡喜。**

最終共賣了 16,000 股。

各位是不是覺得**為什麼不在 650 日圓時，一口氣賣掉一萬股呢**？因為，明明預測了會漲到 800 日圓，在 650 日圓就賣掉難道不可惜嗎？因為越是賣在高價，在下跌時利益就更大，因此在**股價高的時候增加賣出，可以提高平均單價**，在補回的時候利益會更大。

再說，也有可能超過預測的 800 日圓出現美麗的失誤。相反的，也有可能沒有漲到 800 日圓，也說不定就算碰到了也下跌得比預測的更早。

股價不一定會按照預測變動，好像會漲上去或是好像有要跌下去的氛圍，慢慢觀察情況同時靈活應對，慢慢地增加賣出的部位比較好。

■■■計算一下逢高賣空產生的利益與損失

投資資金總計下來是 1,101 萬日圓。平均取得單價為 688 日圓左右。結清（補回）的股價如果低於 688 日圓的話就是獲利。簡單計算下來，如果跌到低點的目標價 200 日圓的話，**688 日圓 − 200 日圓 =488 日圓**。

每股有 488 日圓的利益。股數是 1 萬 6,000 股所以總計超過 780 萬日圓的利益，**488 日圓 ×1 萬 6,000 股 =780 萬 8,000 日圓**。

即使只跌到 400 日圓（平均取得單價為 688 日圓因此利益為 288 日圓），整體可得出 460 萬 8,000 日圓的利

益，**288 日圓 ×1 萬 6,000 股 =460 萬 8,000 日圓**。

這就是透過波段操作逢高賣空的成果。

▇▇利用空頭與多頭的部位操作降低風險

利用日本水產的波段逢高賣出，但是無法斷言在 800 日圓絕對會下跌。因此就如下圖這樣試著操作部位看看。

空頭部位平均單價是 688 日圓，多頭部位的平均單價約 715 日圓。同樣都做了 1 萬 6,000 股的部位。在 800 日圓結清多頭部位的話，利益是 136 萬日圓，（**800 日圓 – 715 日圓）×1 萬 6,000 股 =136 萬日圓**。

這個利益也要計入剛才計算過的賣空利益。部位操作的好處不只是增加獲利而已。如果，股價超過 800 日圓，

部位操作的情形下

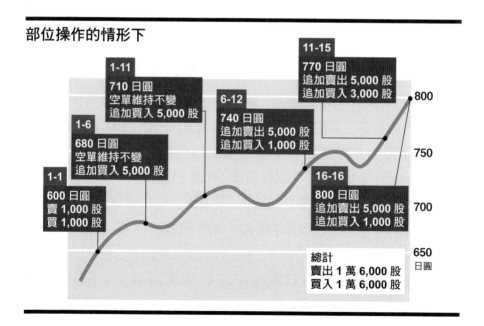

即使砍掉空方部位，也還有多方部位，損失不會太大。

在 800 日圓砍掉空單的話，投資平均單價為 688
日圓，因此每一股約有 112 日圓的損失。整體是 179
萬 2000 日圓的損失。**112 日圓 ×1 萬 6,000 股 =179 萬
2,000 日圓。**

然而，做多的利益有 136 萬日圓，因此只需損失 43
萬 2,000 日圓的金額就解決了。**179 萬 2,000 日圓－136
萬日圓 =43 萬 2,000 日圓。**

股價如果漲到 830 日圓，多頭部位的利益就是 184
萬日圓。賣空的損失 179 萬 2,000 日圓就抵銷了。

實際上，因應線圖的形狀來維持賣空同時買入，還
可以更縝密地計算再逐步操作部位，不過在這裡你只要掌

部位操作的優點

空頭部位 平均單價約 688 日圓（1 萬 6,000 股）
多頭部位 平均單價約 715 日圓（1 萬 6,000 股）

Case1 **沒有如預期下跌，在 800 日圓結清**
結清多頭部位 136 萬日圓的利益
（800 日圓–715 日圓）×1 萬 6,000 股 =136 萬日圓
砍掉空單 ▲179 萬 2,000 日圓的損失
（800 日圓–688 日圓）×1 萬 6,000 股 =179 萬 2,000 日圓

總計 **▲43 萬 2,000 日圓的損失⇒減少損失。**

Case2 **股價漲到 830 日圓結清**
結清多頭部位 184 萬日圓的利益
（830 日圓–715 日圓）×1 萬 6,000 股 =184 萬日圓

總計 **賺了 4 萬 8,000 日圓⇒賣空的損失抵銷，還有獲利。**

握住這種感覺就好了。

■只有練習、練習、再練習！

在本章中，解說了散彈槍、短期交易和波段操作的手法。在實踐之前請你先看線圖，然後一再反覆進行進場與結清的模擬。慢慢地你就能掌握買賣的訣竅了。

另外，還在初級者階段時，即使覺得「這裡可以買入！」，也很難鼓起勇氣下單，常常會平白錯失機會，然後倉皇買入後卻是天花板圈。講到賣空就更害怕了。

一開始用散彈槍法將資金一點一點投入，零碎地結清，這樣應該就能夠做出買賣的決斷了。當然，買賣預測失準而暫時先停損，也會有損失。這時候就不要讓損失僅止於損失，從損失中學到什麼可以運用在下次交易的知識才最重要。

例如，假設你以為是底部所以買了，結果又跌了，於是就先砍掉停損。這時候不應該是哭著說「我賠錢了」，應該要想「我學到了，原來這裡不是底部！」可能是你判斷底部的方法錯了。找出失敗原因，運用在下一次交易很重要。請把**損失想成是成功獲利前必要的學費**。

不斷挑戰學習的人，一定會帶來超過損失的成果。經常練習同時持續挑戰，技術也會提升，實績也會伴隨而來。主持一個超過 3,500 人的「股票道場」，一直看著學員們成長的我可以跟你保證。

特輯

【圖解】
相場式買賣訊號

■■■【總整理】「7 個道具」與「3 個訊號」

　　股價是上漲還是下跌，在天花板圈還是在底部，判斷趨勢時，可以利用的就是**移動平均線、局面、關卡、前一個高點、前一個低點、9 日法則和 17 日法則**。將交易導向成功的，就是所謂的「7 個道具」。請把它想成跟廚師在調理時使用的菜刀一樣。

　　然後，告訴我們趨勢的繼續、結束、進場和了結獲利的點就是 3 個訊號 **PPP、下半身和分歧**。P163、164 頁刊載了 7 個道具與 3 個訊號的示意圖，大家可以剪下來帶在身上，作為交易時的參考。

■■■ 7 個道具

❶移動平均線

　　在相場式交易中，會使用 5 日、20 日、60 日、100 日、300 日的移動平均線。網路證券公司等也會提供的股價線圖大多是 5 日線、25 日線、75 日線。那是因為過去的股票市場在星期六也有營業所留下來的影響。

現在每週營業 5 日，所以一個月只要有 20 日就可以了。移動平均線的設定請將它改為「**相場式**」（**以 5日、20 日、100 日為基本的移動平均線**）。我使用的是「Chart Gallery」（Pan Rolling）這個軟體。

❷局面

股價走勢有下跌、上漲和持平三種，我們稱為趨勢，而股價就是反覆地走下跌、持平、上漲的趨勢。相場式交易法中，我將這些趨勢命名為「**下跌→ A 局面；持平→ B 局面；上漲→ C 局面**」。

將股價的走向用 ABC 這些局面去理解的話，就更容易知道現在的股價是什麼局面，也更容易判斷該買還是賣。那麼在 B 局面是買賣彼此抗衡的狀態，股價會以一定的價格幅度上下變動。

因此在低點買入，在高點賣出的交易就是可能的，但卻是初級者難以判斷的局面。還沒習慣的就不要出手，看會走到 A 局面或是 C 局面，也可以選擇等待到更清晰的局面。

❸關卡

關卡對於股價來說是一種障礙。因為有無法跨越障礙而跌下去的股票，也有跨越障礙而突破性成長的股票。

關卡有前一個高點、前一個低點、整數股價之外，還有日子也是。容易成為日子這個關卡的就是第 3 和第 6 個月。這應該是和信用交易的期限有關，也跟持有股票經過

3 個月、6 個月之後就會想要結清的心理因素有關。

　　一般在股票市場中都說「3 個月會迎接最顛峰的時期，6 個月就會衰退」。

❹前一個高點　❺前一個低點

　　前一個高點、低點，意思就是最靠近現在的高點和低點。以 K 線來說就是上影線跟下影線的最前端。這個高點和低點，在日 K 線圖中指的是當天（週 K 線就是當週、月 K 線就是當月）的最高點和最低點。

　　前一個高點、低點對股價來說容易成為障礙。例如，上升趨勢的話在前一個高點附近買賣的投資人，一旦接近這個高點就會為了確保一點點利益而結清或停損，更甚至有的會加賣空，所以可能不太容易突破高點而下跌。

　　相反的，一旦突破高點就可能會為上漲加添勢力。前一個低點也一樣，會成為止跌的支撐線，一旦破了低點，就會使下跌增加力道。

　　前一個高點或低點如果是整數股價，阻礙的功能可能會相當強大。如果破了前一個高點就買，沒有破而跌下來就賣，破了前一個低點就考慮進場做空，止跌的話就預測會轉為上升等待進場做多的機會吧。

❻ 9 日法則　❼ 17 日法則

　　這是無論上漲、下跌都可以用來判斷趨勢的法則。持續上漲或是下跌時，投資人要意識著天花板或底部，**獲利要從趨勢開始的日子起算，大多以 9 天左右居多。**

因此，趨勢很可能在 9 天就會暫時停歇或轉換。在趨勢行情中以「9 日法則」來計算 K 線很有效。算法是不管陰線陽線，也無關漲跌多少就是數 9 根。

例如上升趨勢的話，數一下買入的日子是在趨勢開始的第幾天，當天如果是第四天，那就判斷還有再漲 5 天的可能性，來設定賣出的日子。

如果在 PPP 或是反 PPP 這種趨勢力道很強時，**K 線超過 9 根計算到 17 根為止的就是「17 日法則」**。勢頭更強勁時，也有超過 17 根來到 23 根的情況（23 日法則）。

■■■3 個訊號

❶ PPP（反 PPP）

PPP 是顯示上升趨勢的移動平均線排列方式。由上到下的排列是 5 日線、20 日線、60 日線、100 日線，所有均線都向上的話 PPP 的多頭排列就成立了。並且，基本上從移動平均線 5 日線、20 日線、100 日線的排列，也可以簡易判斷為 PPP。

移動平均線彼此之間的間隔有某個程度的分離、向上角度陡斜的比平坦的趨勢力道來得更為強勁。只要 PPP 的排列不潰散，就可以判斷上升趨勢仍會持續。

PPP 的相反就是**反 PPP**。是顯示下跌趨勢的移動平均線排列方式，由上到下的排列是 100 日線、60 日線、20 日線、5 日線的排列，所有的均線都向下。只要反 PPP 的排列不潰散，就可判斷下跌的趨勢仍會持續。

我取名 PPP 是因為「Panpakapan」的簡稱。因為移動

平均線宣告股價上漲，就用開朗的典禮開場樂曲來表示。

❷下半身（反下半身）

　　這是超簡單又能精準地告訴我們上漲和下跌的訊號。下半身就是上升的訊號。指的是原本向下的 5 日線持平，或是轉為向上時，**陽線 K 線的實體有一半以上都穿破到 5 日線之上的形狀**。原來在移動平均線之下的 K 線不與 5 日線交會，**直接飛越其上的也稱為下半身**。

　　這個下半身的出現也有成為重大上升**趨勢**前兆的時候，可以考慮在此進場做多。但是，5 日線向下時下半身出現有時候也是下跌力道強勁，不會轉為上升的情況。

　　下半身的相反就是**反下半身**，這是進入下跌**趨勢**的訊號。指的是 5 日線持平後轉為向下時，過去原本在平均線之上的 K 線**實體陰線有一半以上穿透到移動平均線之下的形狀**。5 日線、20 日線一起往下走時，若出現這個下半身則可以很高準確度地預測要轉換到下跌**趨勢**，是可以做空的機會。

❸分歧

　　這是從兩條移動平均線的動向來確認下跌、上漲趨勢持續的訊號。上漲、下跌趨勢中會出現 5 日線與 20 日線並行的時候。5 日線暫時接近 20 日線，以為會交叉了（其中還有接近交叉的時候），卻又分開的變動情況。

　　上升趨勢的話是 5 日線雖然逐漸接近下方的 20 日線，卻又往上升。下跌趨勢的話就是 5 日線雖然逐漸接

近上方的 **20 日線**，卻又向下跌。

　　第 1 章的技術篇裡，我們將這樣的變動比喻成能打出安打或全壘打的好球。初級者也可以用十分淺顯易懂的訊號來獲利。

✂ 「7個道具」圖

❶移動平均線　❷局面

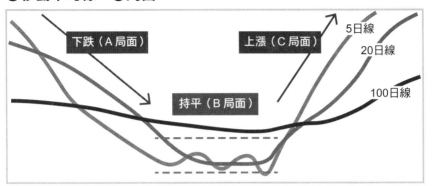

下跌（A局面）

上漲（C局面）

5日線

20日線

100日線

持平（B局面）

❸關卡　❹前一個高點　❺前一個低點

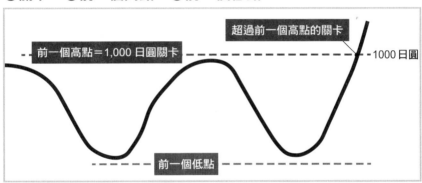

超過前一個高點的關卡

前一個高點＝1,000日圓關卡

1000日圓

前一個低點

❻9日法則　❼17日法則

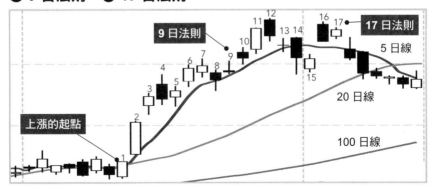

9日法則

17日法則

5日線

20日線

100日線

上漲的起點

「3 個訊號」圖 ✂

❶ PPP

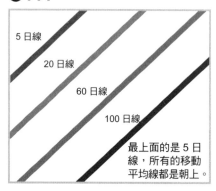

5 日線
20 日線
60 日線
100 日線

最上面的是 5 日線，所有的移動平均線都是朝上。

反 PPP

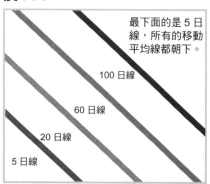

最下面的是 5 日線，所有的移動平均線都朝下。

100 日線
60 日線
20 日線
5 日線

❷下半身（反下半身）

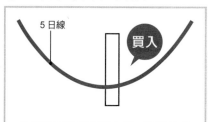

5 日線

買入

5 日線在持平或朝上時，陽線的 K 線實體有一半以上飛越過去的狀態。進一步往上飛越到 5 日線以上的型態也是下半身。

反下半身

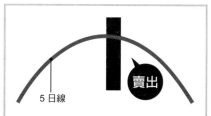

5 日線

賣出

5 日線在持平或朝下時，陰線的 K 線實體有一半以上往下穿出的狀態。甚至墜落到比 5 日線還要下面的型態也是下半身。

❸分歧（上升趨勢）

5 日線與 20 日線並行且都朝上，5 日線短暫時間接近 20 日線，卻又離開的場面。

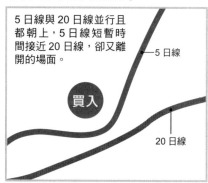

5 日線
買入
20 日線

分歧（下跌趨勢）

5 日線與 20 日線朝下並行，5 日線短暫時間接近 20 日線，卻又離開的場面。

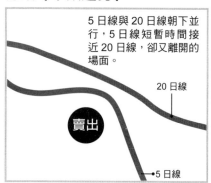

20 日線
賣出
5 日線

結語
每天的小成功導向重大的成功

　　股票就是技術，所以任何人都學得會，多練習就能進步。雖然書中提過無數次，但我還是要說**股票就是技術**！

　　其實我會固定去道場練合氣道。在道場時我不只是跟著師傅學習新技術，同一個技術也會練習很多次。不可思議的是，明明是同一個技術卻會在每次練習中有新發現。

　　明明是練習同樣的技術，都能比前一次體會到更深奧的東西。所謂深奧，也許是那個技術的精髓也說不定。練習一個技術經過 2～3 年後，才第一次明白「啊、這個技術原來是這麼回事啊」，甚至經過一些歲月後，又發現「原來這套技術有這樣的意義！」而有更深的理解。

　　我想所謂的技術，就是這麼回事。經過許多時日反覆進行，又能有新發現。就像第一次讀這本書和第二次、第三次讀都會不一樣，你會發現「原來老師想說的是這個」、「我真的發現了訊號」、「原來所謂線圖上的訊號是這麼回事」等等。

　　多讀幾遍，把本書中所寫的技術變成自己的東西，看許多線圖學習預測「這裡是進場的點」、「這個訊號出現後就是好球」吧。

　　由我主持的股票道場中，我常跟學生說：「要硬派、要勤勉！」當拚命練習的硬派，變成一個勤勉的人的

話，每個月何止 15 萬日圓，一年賺 1 億日圓都不是夢。

　　有時候如果覺得一個人自學很辛苦，感覺到極限時，就請你來參加我的研習會或是來股票道場上課吧。我到現在還在學習技術，股票大師也不能缺少每天的練習。所以我的技術還在持續成長。

　　研習會或是道場中我會傳授最新的技術，而且只要看到很多學員都在用功努力的樣子，不但不孤單，也能激勵自己。最重要的是，現場聽我講課很有趣！對大家來說會是很值得的時光。透過本書與各位讀者相會也是一種緣分，一起珍惜這個緣分吧。

　　最後，我要送這句話給各位。**Little Victory Leads to Big Victory!**

　　這是國外朋友送給我的話。小小的成功會導向大的成功，每天勤勤懇懇地用功去體會技術，最終成功累積財富並不是夢。期盼各位成功就是身為作者無上的喜悅了。

國家圖書館出版品預行編目資料

連賺 37 年的股票技術：日本股神相場師朗不學基
本面也能脫貧致富的操盤法 / 相場師朗作；張婷婷
譯 . -- 初版 . -- 臺北市：三采文化股份有限公司，
2022.03　面；　公分 . -- (iRICH；33)
譯自：37 年連戰連勝伝説の株職人が教える株の
技術大全
ISBN 978-957-658-766-5（平裝）

1.CST: 股票投資　2.CST: 投資技術　3.CST: 投資分
析

563.53　　　　　　　　　　111000583

suncolor
三采文化集團

IRICH 33

連賺 37 年的股票技術
日本股神相場師朗不學基本面也能脫貧致富的操盤法

作者｜ 相場師朗　　譯者｜ 張婷婷

日文編輯｜ 李婷婷　　美術主編｜ 藍秀婷　　封面設計｜ 李蕙雲

版權選書｜ 劉契妙　　內頁排版｜ 陳佩君　　校對｜ 黃薇霓

發行人｜ 張輝明　　總編輯｜ 曾雅青　　發行所｜ 三采文化股份有限公司
地址｜ 台北市內湖區瑞光路 513 巷 33 號 8 樓
傳訊｜ TEL:8797-1234　FAX:8797-1688　　網址｜ www.suncolor.com.tw
郵政劃撥｜ 帳號：14319060　戶名：三采文化股份有限公司
初版發行｜ 2022 年 3 月 4 日　定價｜ NT$380
　　2 刷｜ 2023 年 3 月 5 日

37 NEN RENSENRENSHO
DENSETSU NO KABUSHOKUNIN GA OSHIERU KABU NO GIJUTSU TAIZEN
Copyright © 2020 Shiro Aiba
Original Japanese edition published in 2020 by SB Creative Corp.
Chinese translation rights in complex characters arranged with SB Creative Corp., Tokyo
through Japan UNI Agency, Inc., Tokyo